LAUFEND ABNEHMEN

DAS 28-TAGE-ERFOLGSPROGRAMM

COPRESS SPORT

STEIGERE DIE HERAUSFORDERUNG!

LAUFEND ABNEHMEN, WIE GEHT DAS?

Das ideale Programm für alle, die Sport treiben und gleichzeitig abnehmen wollen. Am Ende wirst du vier Kilo leichter sein, aber genügend Energie haben, um eine längere Strecke zu laufen. Mach Schluss mit Allerweltsdiäten und stürze dich in unser maßgeschneidertes Lauf- und Ernährungsprogramm. Training und Ernährung sind optimal aufeinander abgestimmt.

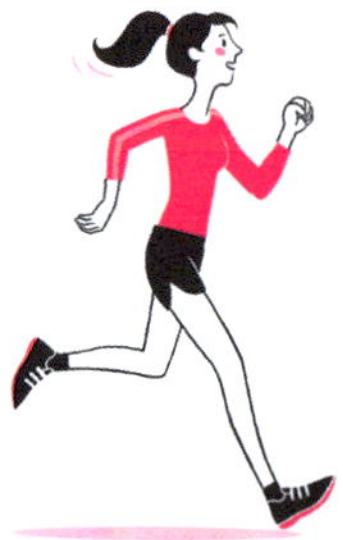

DAS 28-TAGE-PROGRAMM BIETET:

- einen Ernährungsplan (Frühstück, Mittagessen, Abendessen und Snacks)
- einen Trainingsplan (du wirst zuerst abwechselnd gehen und laufen, dann nur noch laufen)
- Übungen zur Kräftigung der Muskulatur (durchzuführen innerhalb der Trainingseinheit oder an lauffreien Tagen)
- Ratschläge zur Steigerung der Effizienz

Alles in allem ein 28-Tage-Programm zur Ernährungsumstellung und für mehr Körperspannung und Kondition, das dir die einmalige Chance bietet, dein Leben in Rekordzeit wieder in den Griff zu bekommen. Ist die Verwandlung in Wonder Woman nicht ein schönes Ziel? Ja, das ist möglich. Vertraue uns!

ABKÜRZUNGEN

GI = Glykämischer Index
1' = 1 Minute
J = Joggen
L = Laufen
G = Gehen
1'G/1'L: eine Minute gehen und eine Minute laufen im Wechsel
4 x (1'G/1'L) = viermal im Wechsel eine Minute gehen und eine Minute laufen

DIE METHODE

EIN PAAR ERNSTE WORTE VORAB, DAMIT DU WEIßT, WORAUF DU DICH EINLÄSST

Du möchtest laufen, um schneller abzunehmen? Ein guter Vorsatz! Mit keinem anderen Sport verbrennst du bei regelmäßigem, ruhigem und ausdauerndem Training so viele Kalorien.

Dieses Programm ohne viel Blabla beruht auf dem Prinzip der Progression: Jede Woche setzt du dir ein höheres Ziel (ein Kilo verlieren und 20, 35, 45, 60 Minuten laufen). Dafür ist es wichtig, dass du den Trainingsplan aufs Wort befolgst und nichts durcheinanderbringst. Ring dich dazu durch, am Ende wird es sich auszahlen.

Jedes Lauftraining beginnt mit Aufwärmen und endet mit Cool-down und danach Dehnübungen. In den ersten Tagen stehen etwa zehn Minuten schnelles Gehen und langsames Laufen auf dem Programm. Bald schon wechseln sich zügiges Gehen und schnelleres Laufen ab. Während das Laufpensum sukzessive gesteigert wird, verkürzt sich die Dauer der Erholungsphasen (Gehen) allmählich. Das ist der Schlüssel zum Erfolg.

Gleichzeitig stellst du deine Ernährungsgewohnheiten um. Überstürze nichts, du willst ja nicht scheitern. Als ideale Ergänzung zum Lauftraining bieten sich ein allgemeines Fitness- oder Konditionstraining sowie ein paar passend ausgewählte Übungen (Stretching, Yoga, Pilates ...) an. Das ist ganz schön viel, aber es lohnt sich. Das Schwierigste am Laufen ist, anzufangen. Also Schluss mit dem Blabla, und los geht's!

TIPP

Führe ein Lauftagebuch mit folgenden Rubriken:

- konsumierte Lebensmittel
- konsumierte Getränke
- Ort der Trainingseinheit
- Wetterverhältnisse
- Dauer der Trainingseinheit
- Länge der Laufstrecke (in km)
- durchgeführte Dehnübungen
- durchgeführte Fitnessübungen
- Empfindungen
- Schwierigkeiten
- Zufriedenheit
- Regelverstöße/besondere Vorkommnisse

EINFÜHRUNG

1. WOCHE
ZIEL: -1. KG/20'

1. TAG

ÜBERFLÜSSIGES WEGLASSEN

An diesem ersten Trainingstag hast du nur ein Ziel: schlechte Ernährungsgewohnheiten ablegen und neue etablieren. Schluss mit dem Überfluss! Iss nur noch das, was dein Körper braucht, um optimal zu funktionieren. Er muss genügend Treibstoff haben, um die tägliche Trainingseinheit durchzustehen.

→ Wir sagen Nein zu Alkohol, Kohlenhydratlieferanten mit einem hohen glykämischen Index (Zucker, Kuchen, Schokolade – außer dunkler), Weißbrot und Nahrungsmitteln mit einem zu hohen Gehalt an tierischen Fetten.

→ Wir sagen Ja zu Proteinen (mageres Fleisch, magerer und fetter Fisch), pflanzlichen Fetten und Ölen, Vitaminen (Obst und Gemüse) und Mineralstoffen, die beim Laufen in erheblicher Menge ausgeschwitzt werden.

DIE HEUTIGE TRAININGSEINHEIT

Hast du deine Trainingskleidung angezogen und dich für eine Laufstrecke entschieden? Dann mal los!

→ Beginne mit langsamem Gehen, um dich aufzuwärmen, und steigere allmählich das Tempo. Dabei die Arme immer schön mitziehen. Dein Körper soll kräftig arbeiten. Das Atmen nicht vergessen.

→ Nach zehn Minuten beginnst du mit einem sanften Impuls, langsam zu laufen. Halte eine Minute durch, dann darfst du dich eine Minute im Gehen erholen. Diese Abfolge – eine Minute laufen, eine Minute gehen – ziehst du insgesamt viermal durch. Steig sachte ins Laufen ein, damit dein Körper sich daran gewöhnt, und vor allem: Vergiss das Atmen nicht. Beim Laufen sollte der Atem immer ruhig fließen. Beim dritten Durchgang hast du vielleicht schon die Nase voll, weil dein Herz wummert und deine Beine sich stocksteif anfühlen.

→ Keine Sorge, das ist normal. Motiviere dich für die letzten Meter. Drossle das Tempo, auch wenn du das Gefühl hast, nur noch wie eine Schnecke voranzukommen. Das Einzige, was zählt, ist, dass du bis zum Ende durchhältst.

Du hast deine erste Trainingseinheit geschafft! Du hast zehn Minuten, um wieder zu dir zu kommen, die Frisur zu richten, aufzuhören, wie ein (alter) Dampfkessel zu schnaufen, und vor allem, um dich dazu zu beglückwünschen, dass du angefangen hast. Bravo!

DIE TRAININGS-EINHEIT IN ZAHLEN

DAUER Ins Lauftagebuch eintragen	**28 MINUTEN** (Aufwärmen, Laufen und Cool-down)
DIE MAGISCHE FORMEL (auf einen Zettel schreiben und in die Tasche stecken)	**10'G + 4 X (1'L/1'G) + 10'G**

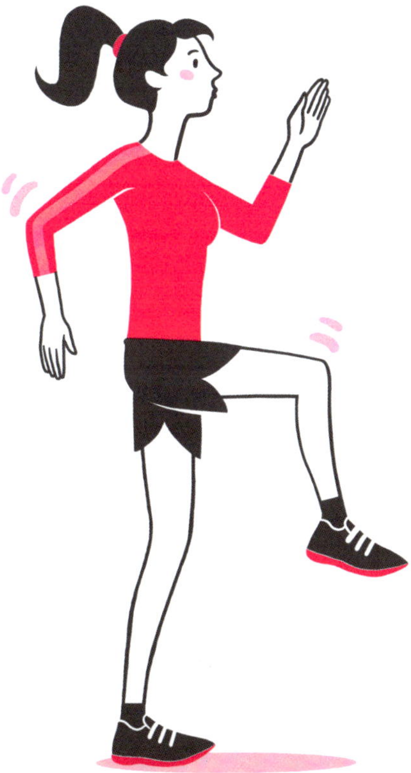

KNIEHEBEN

Ausgangsposition: Stell dich aufrecht hin. Das Becken gerade ausrichten, die Füße stehen parallel. Die Arme locker hängen lassen. Vergiss beim Laufen nicht das Atmen, sonst kommst du schnell an deine Grenzen.

Ausführung: Das Gewicht auf ein Bein verlagern und das andere Bein anheben. Das Knie kraftvoll und dynamisch hochziehen, dann die Beine wechseln. Die Arme bewegen sich im Rhythmus der Beine, um den Körper auszubalancieren. Du kannst die Übung auf der Stelle oder über eine Strecke von 50 Metern durchführen. Die Füße immer mit der Sohle, nicht mit der Spitze aufsetzen.

Dauer und Wiederholungen: Dreimal eine Minute mit einer Minute Pause dazwischen.

Ziel: Pulstraining, Verbesserung der Schrittlänge und der Trittsicherheit. Perfekt nach dem Aufwärmen oder als Bestandteil des Fitnesstrainings.

1. WOCHE

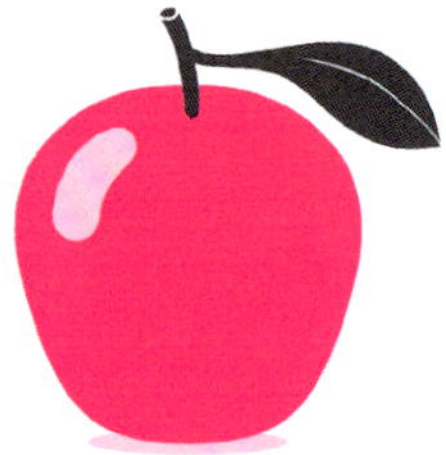

2. TAG

GESUNDES FRÜHSTÜCK

Ab heute sind gezuckerte Frühstücksflocken (außer ungesüßtem Müsli und Haferflocken) und Weißbrot morgens tabu: Der glykämische Index ist viel zu hoch. Ersetze sie durch ein paar Scheiben Vollkornbrot mit etwas Butter. Das macht dich für eine ganze Weile satt und versorgt dich über einen langen Zeitraum mit Energie. Wenn du willst, belege das Brot mit Eiweißlieferanten wie Bioschinken oder -pute oder iss einen Naturjoghurt oder etwas Quark dazu. Beende das Frühstück mit einem Stück Obst, denn Obst ist reich an Ballaststoffen und Vitaminen. Achte darauf, genügend zu trinken (ungezuckerten Tee oder Kaffee).

DIE HEUTIGE TRAININGSEINHEIT

→ Halte dich an den Trainingsplan: Beginne mit zehn Minuten Gehen, um in Schwung zu kommen, und fang dann an zu laufen. Dabei die Arme eng am Körper halten. Anschließend entspannst du dich eine Minute im Gehen, um dann in gleichmäßigem Tempo weiterzulaufen. Die erste Minute Laufen vergeht wie im Flug, sodass die Erholungsphase dir wie purer Luxus vorkommt. Du bist hochmotiviert!

→ Zweites Laufintervall: Lauf gleichmäßig weiter, und lass dich nicht dazu hinreißen, das Tempo zu steigern. Du bist keine Marion Jones. Geh eine Minute, um dich zu erholen.

→ Dann läufst du wieder eine Minute. Diesmal dürfte es schon anstrengender sein. Die Laufpause kommt wie gerufen. Versuche zu deinem normalen Atemrhythmus zurückzukehren.

→ Viertes und fünftes Laufintervall: Sacke nicht in dich zusammen. Den Po nicht zu weit rausstrecken, die Knie nicht zu sehr belasten. Achte so gut es geht auf deine Haltung, das erleichtert dir das Laufen. Nur Mut, es ist gleich geschafft! Beim abschließenden Gehen lässt du die Trainingseinheit noch einmal Revue passieren: Bist du zufrieden? Hat es nicht geklappt? Dann kannst du es nächstes Mal besser machen.

DIE TRAININGS-EINHEIT IN ZAHLEN		
	DAUER Ins Lauftagebuch eintragen	**30 MINUTEN** (Aufwärmen, Laufen und Cool-down)
	DIE MAGISCHE FORMEL (auf einen Zettel schreiben und in die Tasche stecken)	**10'G + 5 X (1'L/1'G) + 10'G**

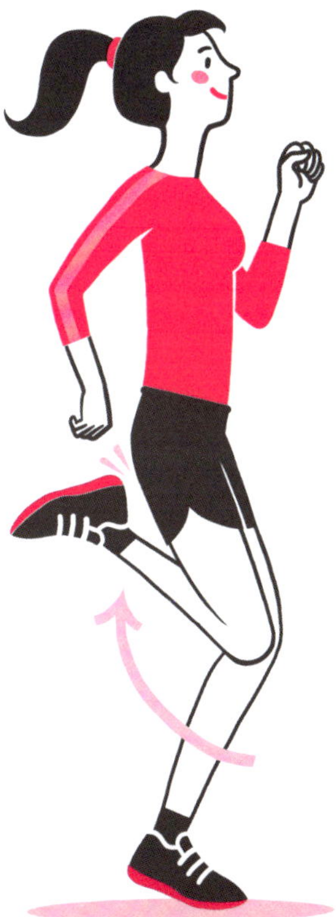

ANFERSEN

Ausgangsposition: Stell dich aufrecht hin. Die Schultern locker lassen, das Becken gerade ausrichten und die Bauchmuskeln anspannen.

Ausführung: 50 Meter laufen und dabei bei jedem Schritt die Ferse zum Po ziehen. Den Körper mit den Armen ausbalancieren. Die Füße immer mit der Sohle, nicht mit der Spitze aufsetzen. Lehne dich nicht nach vorne, und hacke dir die Fersen nicht in den Po. Eine korrekte Ausführung ist das A und O.

Dauer und Wiederholungen: Viermal 50 Meter anfersen, dann zum Ausgangspunkt zurückgehen.

Ziel: Verbesserung von Kraft und Beweglichkeit. Führe die Übung nach dem Aufwärmen durch, wenn du genug Zeit hast, oder als Bestandteil des Konditionstrainings.

1. WOCHE

3. TAG

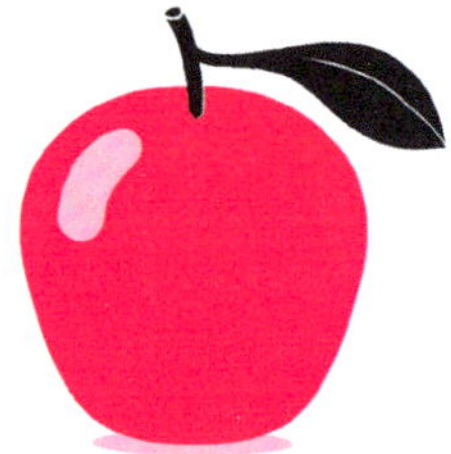

MITTAGESSEN: DIE KULINARISCHE DREIFALTIGKEIT

Damit du dir übers Mittagessen künftig nicht viele Gedanken machen musst, präge dir folgendes Schema ein, und iss entsprechend. Wir nennen es „peace & love“:

- Ein Drittel magere Proteinquellen (Rinderfilet, Hühnchen ohne Haut, Schweinefilet, Fisch)
- Ein Drittel Gemüse nach Wunsch
- Ein Drittel Sättigungsbeilagen mit niedrigem GI (Vollkornnudeln, Reis oder Hülsenfrüchte – auf Letztere bei Reizdarm verzichten). Das sind etwa vier Esslöffel des gekochten Produkts.

Dazu ein Esslöffel Rapsöl oder Olivenöl. Zum Nachtisch (besser noch vorneweg) ein Stück frisches Obst.

DIE HEUTIGE TRAININGSEINHEIT

➡ Es ist erst der dritte Tag, aber du fühlst dich körperlich und mental schon viel fitter. Das verleiht dir die Kraft, das Unmögliche zu schaffen.

➡ Zehn Minuten schnelles Gehen zum Aufwärmen. Du bringst den Kreislauf auf Trab. Das Herz kommt auf Touren, die Atmung beschleunigt sich, die Beine setzen sich ganz von selbst in Bewegung.

➡ Die erste Laufminute – kein Problem. Du erholst dich mit einer Minute Gehen.

➡ Zweites Intervall: eine Minute laufen, eine Minute gehen. Du fühlst dich immer noch super und absolvierst das dritte und vierte Intervall (1’G/1’L), ohne zu schwächeln. Du bist allerbester Laune und erlaubst dir sogar den Luxus, die Landschaft zu betrachten.

➡ Beim fünften Intervall läuft es nicht mehr so rund: Dein Atem geht unregelmäßiger, und der Körper sackt in sich zusammen. Du starrst unablässig auf die Uhr. Im Stillen zählst du die Sekunden, die du noch zu laufen hast, herunter. Dann endlich eine Minute Erholung.

➡ Todesmutig beginnst du das sechste und letzte Intervall. Du hast nichts zu verlieren. Das Ende des Trainings ist in Sicht. Gib alles! Du hast deinen Vertrag mit dir selbst erfüllt. Hoch erhobenen Hauptes kannst du dir gratulieren und beim Gehen verschnaufen.

DIE TRAININGS-EINHEIT IN ZAHLEN

DAUER Ins Lauftagebuch eintragen	**32 MINUTEN** (Aufwärmen, Laufen und Cool-down)
DIE MAGISCHE FORMEL (auf einen Zettel schreiben und in die Tasche stecken)	**10'G + 6 X (1'L/1'G) + 10'G**

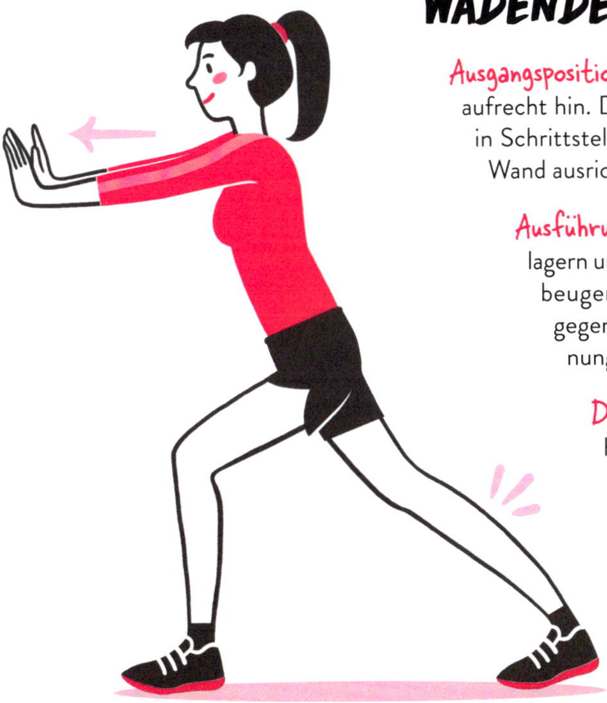

WADENDEHNUNG

Ausgangsposition: Stell dich mit dem Gesicht zur Wand aufrecht hin. Der Rücken ist gerade, die Beine stehen in Schrittstellung. Schultern und Becken parallel zur Wand ausrichten.

Ausführung: Das Körpergewicht nach vorne verlagern und mit geradem Rücken das vordere Bein beugen. Die Hände mit gestreckten Armen gegen die Wand drücken. Spürst du die Dehnung in der Wade des hinteren Beins?

Dauer: Die Dehnung 20 bis 30 Sekunden halten, dann das Bein wechseln.

Ziel: Muskelkater nach dem Laufen vorbeugen. Am Ende jedes Lauftrainings durchführen.

1. WOCHE

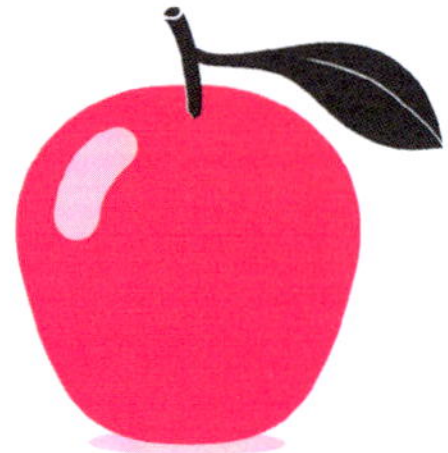

4. TAG

EIN ABENDESSEN NACH MAß

In der ersten Trainingswoche kommen abends keine Kohlenhydrate auf den Tisch. Dein Teller ist idealerweise zur Hälfte mit weißem Fleisch oder Fisch und zur Hälfte mit Gemüse gefüllt. Ein Spritzer Oliven- oder Rapsöl sorgt für zusätzliches Aroma. Als Nachtisch darfst du einen Joghurt oder eine Portion Quark und, wenn du magst, ein Stück frisches Obst essen.

DIE HEUTIGE TRAININGSEINHEIT

→ Atmung, Erscheinungsbild, Körperspannung ... Das Training macht sich bereits bemerkbar. Ruh dich nicht auf deinen Lorbeeren aus, sondern beginne mit dem üblichen Aufwärmen: zehn Minuten so zügig wie möglich gehen.

→ Heute stehen sieben Intervalle auf dem Programm: Siebenmal eine Minute laufen und anschließend jeweils eine Minute gehen. Dein Körper verkraftet die Übergänge jetzt besser. Bei den ersten vier Laufintervallen hast du null Probleme. Ab der fünften Laufminute wird es anstrengend. Du spürst dein Herz hämmern. Die vorausgegangene Erholungspause war viel zu schnell vorbei.

→ Sechste Minute: Das vorletzte Laufintervall kostet immer Überwindung. Die Beine werden schwer, und der innere Schweinehund meldet sich mit verlockenden Alternativvorschlägen. Denk daran, die Arme kräftig nach hinten zu ziehen und die Bauchmuskeln anzuspannen, damit du dich nicht wie ein nasser Sack dahinschleppst. Weiter so!

→ Die letzte Minute und damit die Erlösung ist zum Greifen nah. Das gibt dir genügend Energie, bis zum Ende durchzuhalten. Ausgelaugt, aber wunschlos glücklich spürst du deine Lebensgeister beim Cool-down wieder erwachen. Und du gewinnst deine Fassung zurück.

DIE TRAININGS-EINHEIT IN ZAHLEN

DAUER Ins Lauftagebuch eintragen	**34 MINUTEN** (Aufwärmen, Laufen und Cool-down)
DIE MAGISCHE FORMEL (auf einen Zettel schreiben und in die Tasche stecken)	**10'G + 7 X (1'L/1'G) + 10'G**

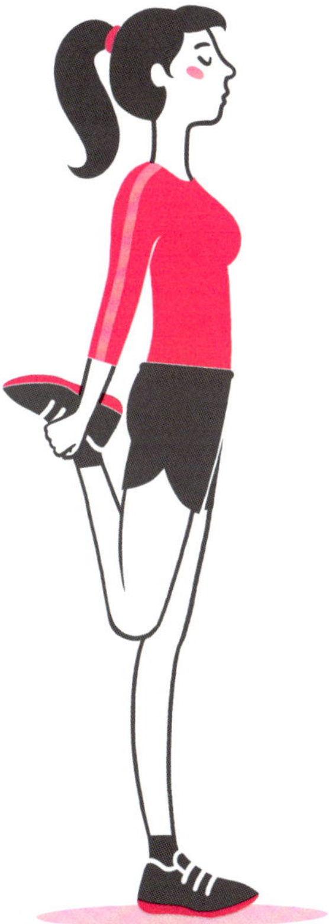

DEHNUNG DER OBER-SCHENKELMUSKULATUR

Ausgangsposition: Stell dich mit geschlossenen Beinen aufrecht hin, und verlagere das Gewicht auf das linke Bein. Das Bein nicht ganz durchstrecken und den Rücken möglichst gerade halten.

Ausführung: Das rechte Bein beugen, mit der rechten Hand den Fußknöchel umfassen und den Unterschenkel zum Po ziehen, bis du eine Dehnung spürst. Bei Gleichgewichtsproblemen kannst du dich mit der linken Hand an einem Baumstamm, einer Mauer oder einer Freundin festhalten. Die Bauchmuskeln gut anspannen, damit das Becken stabil bleibt. Die Knie bleiben zusammen, der Brustkorb ist geöffnet.

Dauer: Die Dehnung 15 bis 20 Sekunden halten, dann die Seite wechseln.

Ziel: Muskelkater nach dem Laufen vorbeugen. Am Ende jedes Lauftrainings durchführen.

1. WOCHE

5. TAG

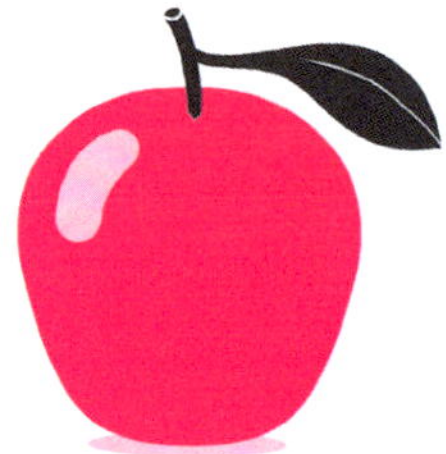

ROH ODER GEKOCHT?

Die Umstellung der Ernährungsgewohnheiten kann zu Verdauungsproblemen führen. Um deinen Darm zu entlasten, solltest du statt Rohkost gekochtes Gemüse und statt Hülsenfrüchten Vollkornpasta essen. In der ersten Woche trainierst du noch nicht so viel, um deinen Körper nicht vollständig zu erschöpfen. Halte dich strikt an unser Programm. Kein Übereifer!

DIE HEUTIGE AUFGABE – AUSRUHEN!

→ Frei!! Ein Tag Pause – darauf hast du sehnsüchtig gewartet ... Seit Anfang der Woche bist du voll ausgelastet. Jetzt also eine Verschnaufpause. Ein Tag ohne Laufen ...

→ ... aber nicht ohne Bewegung. Zwar lässt sich das Abnehmen mit übermäßigem Training nicht beschleunigen, aber an den lauffreien Tagen kannst du ruhig ein paar ergänzende Aktivitäten ausprobieren, um deine Muskulatur zu entspannen, die Haltemuskeln zu stärken, die Darmflora zu beruhigen und den Stress zu bewältigen. Zum Beispiel Pilates. Es gibt nichts Besseres, um die Bauchmuskeln zu kräftigen. Die Übungen sorgen für einen flachen Bauch, helfen bei Blähungen und entspannen zugleich die restliche Muskulatur. Sportarten wie Zumba oder Cycling, die den Körper extrem belasten, sind dagegen nicht empfehlenswert. Wer die Kalorienzufuhr senkt, muss sich vernünftig ausruhen und die Bedürfnisse seines Körpers respektieren.

SCHLECHTE AUSREDEN, DIE NICHT ZÄHLEN

Manchmal ist jeder Vorwand recht, um das Laufen zu schwänzen (vor allem Regen). Wer träumt schon davon, mit Schuhen, die flop-flop machen, durch die Gegend zu laufen? Vielleicht mit Kopfhörern und winddichter Kleidung? Du wirst sehen, dass das alles gar nicht so schrecklich ist. Und wie stolz wirst du zu Hause einlaufen, wenn du Wind und Wetter getrotzt hast. Lass dich von nichts und niemandem vom Laufen abhalten!

GUTES TIMING

Es ist nicht immer einfach, sich Zeit zum Laufen freizuschaufeln. Manchmal ist es sogar schwieriger als alles andere. Um deinen eng getakteten Zeitplan und dein Sportprogramm unter einen Hut zu bringen, könntest du vielleicht die Mittagspause zum Laufen nutzen. Wenn du ordentlich gefrühstückt hast, ist das das ideale Zeitfenster. Womöglich hast du sogar das Glück, dass sich in der Nähe deiner Wohnung oder deines Arbeitsplatzes ein Sportplatz oder ein Sportclub mit Umkleiden und Duschen befindet. Wenn nicht, such dir eine Laufstrecke durch die Stadt, jogge im Park oder in der freien Natur, und dusche anschließend in der Firma oder zu Hause. Nach dem Mittagessen (das du auf keinen Fall auslassen darfst) wirst du dich konzentrieren können wie ein Zen-Mönch und in Hochform in den Nachmittag starten. Vergiss nicht, nach dem Sport regelmäßig zu trinken, damit dein Körper sich schnell von den Strapazen erholt.

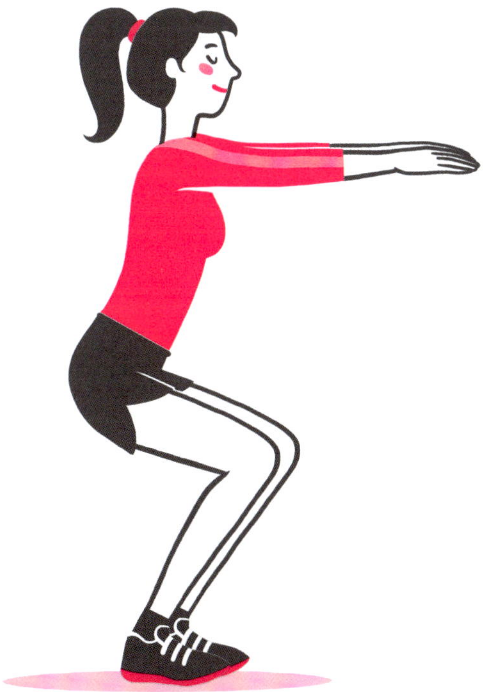

KNIEBEUGEN

Ausgangsposition: Stell dich aufrecht hin, und kippe das Becken nach hinten.

Ausführung: Die Beine mit geradem Oberkörper langsam beugen und anschließend dynamisch wieder in die Ausgangsstellung zurückkehren. Die Arme nach vorne strecken, um den Körper auszubalancieren.

Wiederholungen: Dreimal zehn Kniebeugen.

Ziel: Kräftigung der vorderen Oberschenkelmuskulatur. Als Bestandteil des Fitnesstrainings oder an Ruhetagen durchführen.

ZIEL: –1 KG/20'

1. WOCHE

6. TAG

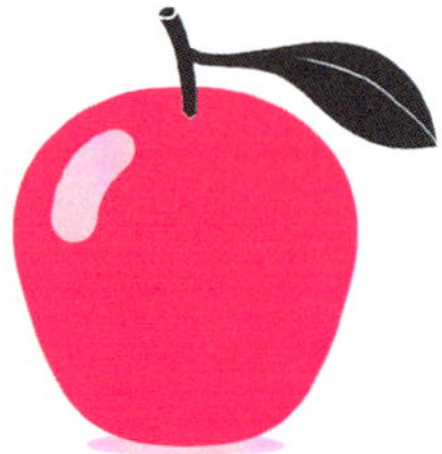

SOFORTIGER ENERGIESCHUB

Aprikosen, Bananen, Datteln, Feigen, Rosinen … Trockenfrüchte sind lecker und füllen geleerte Kohlenhydratspeicher in Windeseile wieder auf. Da sie dreimal mehr Energie enthalten als frisches Obst, solltest du nur bei schwierigen Trainingseinheiten darauf zurückgreifen. Wenn du spürst, dass ein Durchhänger naht, knabbere ein, zwei Stückchen, und du kannst die Einheit zu Ende bringen. 30 Minuten nach dem Training kannst du noch ein Stück Trockenobst essen, damit du dich schneller erholst. Mit zwei bis drei weiteren Trockenfrüchten – oder mehr, wenn du Hunger hast – lassen sich die Glykogenspeicher wieder auffüllen.

DIE HEUTIGE TRAININGSEINHEIT

→ Heute wirst du Funken sprühen. Nach dem freien Tag fühlst du dich frisch wie der junge Morgen. Voller Begeisterung und Leichtigkeit startest du wie gewohnt mit zehn Minuten Aufwärmen. Du bist hochkonzentriert.

→ Die erste Laufminute – und du bist voll bei der Sache. Dein Körper weiß, was er zu tun hat; du kennst deine Laufstrecke inzwischen in- und auswendig. Du brauchst nicht mehr auf die Uhr zu schauen, um die Sekunden herunterzuzählen, dein Gefühl sagt dir, wie lange du noch laufen musst.

→ Bei den ersten vier Intervalle läuft alles wie am Schnürchen. Beim fünften Intervall wird's wieder eng. Beim sechsten verziehst du das Gesicht. Beim siebten möchtest du deine Lunge ausspeien. Und dann mobilisierst du wunderbarerweise doch noch deine letzten Reserven, um das achte Intervall zu beenden. Eine unendliche Geschichte …

DIE TRAININGS-EINHEIT IN ZAHLEN

DAUER Ins Lauftagebuch eintragen	**36 MINUTEN** (Aufwärmen, Laufen und Cool-down)
DIE MAGISCHE FORMEL (auf einen Zettel schreiben und in die Tasche stecken)	**10'G + 8 X (1'L/1'G) + 10'G**

SIT-UPS

Ausgangsposition: Leg dich im Gras, auf der Laufbahn oder auf dem Teppich auf den Rücken. Die Beine anwinkeln und die Bauchmuskeln anspannen.

Ausführung: Die Arme über Kreuz auf den Brustkorb legen und den Oberkörper heben, aber nicht ganz aufrichten. Die Position halten, ohne das Atmen zu vergessen, und den Rücken langsam und kontrolliert wieder abrollen. Beim Anheben des Oberkörpers ausatmen, beim Ablegen einatmen.

Wiederholungen: Viermal 20 Sit-ups. Um deine Bauchmuskeln stärker zu beanspruchen, kannst du das Anheben und Absenken des Oberkörpers in zwei oder drei Phasen unterteilen. Zwischendurch weiteratmen.

Ziel: Verbesserung der Laufhaltung, um Schmerzen vorzubeugen und unterwegs nicht so schnell zu ermüden. Nach dem Lauftraining (vor dem Dehnen) oder als Bestandteil des Konditionstrainings durchführen.

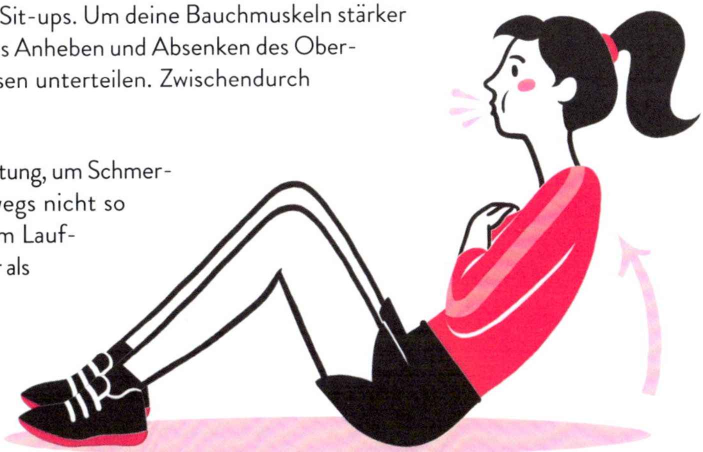

ZIEL: -1 KG/20'

1. WOCHE

7. TAG

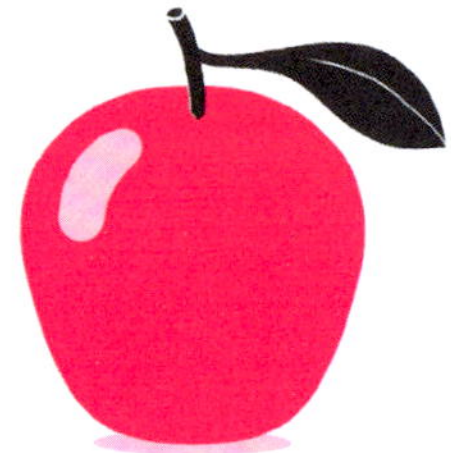

DREI MAHLZEITEN UND EIN IMBISS

Um wirksam und risikolos abzunehmen, ohne Muskelmasse zu verlieren, musst du die Zufuhr von Energie über den ganzen Tag verteilen. Es kommt also nicht infrage, eine Mahlzeit auszulassen oder auf die Schnelle etwas herunterzuschlingen. Halte dich an unsere Ernährungstipps.
Nochmals: Nimm dir Zeit zum Essen. Plane mindestens 20 Minuten für jede Mahlzeit ein, damit sich ein Sättigungsgefühl entwickeln kann, das bis zur nächsten Mahlzeit vorhält.
Zur moralischen Unterstützung genehmigst du dir am Nachmittag einen Imbiss, der dir einen Energieschub verleiht. Als Sportlerin profitierst du von einem Ernährungsplan, der einem umgekehrten Dreieck gleicht: Auf ein reichhaltiges Frühstück folgen ein leichtes Mittagessen, ein kleiner Imbiss und ein ultraleichtes Abendessen aus niedrigglykämischen Nahrungsmitteln. Nach diesem Rezept hast du bereits ein Kilo abgenommen. Mach weiter so!

DIE HEUTIGE TRAININGSEINHEIT

→ Das erste große Ziel – ein Kilo abnehmen und 20 Minuten ohne Pause laufen – ist fast erreicht. Sportskanonen entlockt das vielleicht nur ein müdes Lächeln, doch dir bedeutet es eine ganze Menge. Du hast viele Hindernisse überwunden, um so weit zu kommen.

→ Motiviert wie nie zuvor beginnst du deine Trainingseinheit. Beim Aufwärmen behältst du dein übliches gleichmäßiges Tempo bei. Komm bloß nicht auf die Idee, jetzt schon zu beschleunigen. Es würde alles ruinieren. Arme und Hände locker lassen.

→ Dann beginnst du zu laufen. Lauf dich frei. Deine Beine fühlen sich leicht an. Es gibt nichts, was sie am Laufen hindern könnte. Du hast dich an die Regeln gehalten, und das zahlt sich aus.

→ Du spulst ein Intervall nach dem anderen ab, hältst dich tapfer und profitierst von jeder Minute Erholung. Kein Zuckerschlecken, aber es geht. Du hast jetzt eine Woche in vorbildlicher Weise trainiert. Wer käme da auf die Idee, schlapp zu machen? Du verdienst es, dein Ziel zu erreichen.

→ Die letzte Laufminute bricht an ... Du bist langsamer geworden, aber du läufst noch immer. Das ist die Hauptsache. Nicht aufhören. Niemals. Die letzten Sekunden ... Du passierst eine imaginäre Ziellinie. Du bist 18 Minuten gelaufen und 20 Minuten gegangen. Du kannst stolz auf dich sein!

DIE TRAININGS-EINHEIT IN ZAHLEN		
	DAUER Ins Lauftagebuch eintragen	**38 MINUTEN** (Aufwärmen, Laufen und Cool-down)
	DIE MAGISCHE FORMEL (auf einen Zettel schreiben und in die Tasche stecken)	**10'G + 6 X (2'L/1'G) + 10'G**

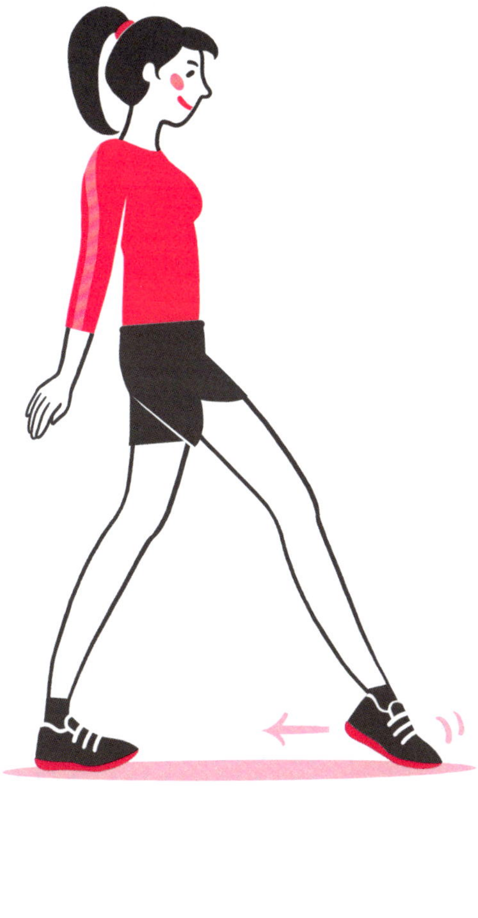

ZEHENTIPPEN

Ausgangsposition: Stell dich hüftbreit hin, lass die Arme entspannt hängen, und kippe das Becken nach hinten.

Ausführung: Mit gestrecktem Bein zuerst die rechte, dann die linke Fußspitze dynamisch vor dem Körper aufsetzen und über den Boden wieder heranziehen. Den Bewegungsradius bei jeder Wiederholung steigern. Den Körper mit den Armen ausbalancieren.

Dauer und Wiederholungen: Dreimal eine Minute mit jeweils einer Minute Pause dazwischen.

Ziel: Verbesserung der Trittsicherheit, der Fuß- und Schrittdynamik. Nach dem Aufwärmen oder als Bestandteil des Konditionstrainings durchführen.

2. WOCHE
ZIEL: – 2. KILO / 35'

8. TAG

MIT VEREINTEN KRÄFTEN

In dieser Woche schmilzt das Körperfett dahin. Oder, um es wissenschaftlich auszudrücken: Der Fettabbau wird beschleunigt, während gleichzeitig die Kapazität der Glykogenspeicher erhöht wird, sodass bei Bedarf genügend Energie bereitsteht.

Was bedeutet das konkret? Du steigerst dein Trainingspensum, riskierst aber keine frühzeitige Ermüdung. Das trifft sich gut, es ist nämlich genau das, was du anstrebst.

DIE HEUTIGE AUFGABE – AUSRUHEN!

→ Heute ist Trainingspause. Diese Belohnung hast du dir nach der anstrengenden Einheit von gestern ehrlich verdient. Statt des Lauftrainings stehen ein paar Übungen zur Stärkung von Muskelkraft und Atmung auf dem Programm. Wie wichtig sie sind, wird dir heute klar.

→ Entspann dich! Komm wieder zu Kräften. Diese zweite Woche wird ganz schön anstrengend werden.

→ Lass dich nicht dazu hinreißen, die nächste Laufeinheit einfach vorzuziehen. Die Verletzungsgefahr ist groß, und deine künftige Karriere als Sportlerin steht auf dem Spiel.

→ Sei geduldig, und achte auf deine Körperempfindungen.

ERSTE ERGEBNISSE

Wir haben nicht zu viel versprochen, denn du siehst und spürst bereits, wie positiv sich das Laufen auf dein Erscheinungsbild auswirkt: weniger Fett, mehr Muskeln, schön geformte Beine, ein kräftiger Rücken und ein knackiger Po. Selbst deine Arme werden muskulöser, denn sie arbeiten beim Laufen mit und helfen dir, dich auszubalancieren. Und das alles in nicht einmal zwei Wochen ... Wer wird im Sommer am Strand den Vogel abschießen? Du natürlich.

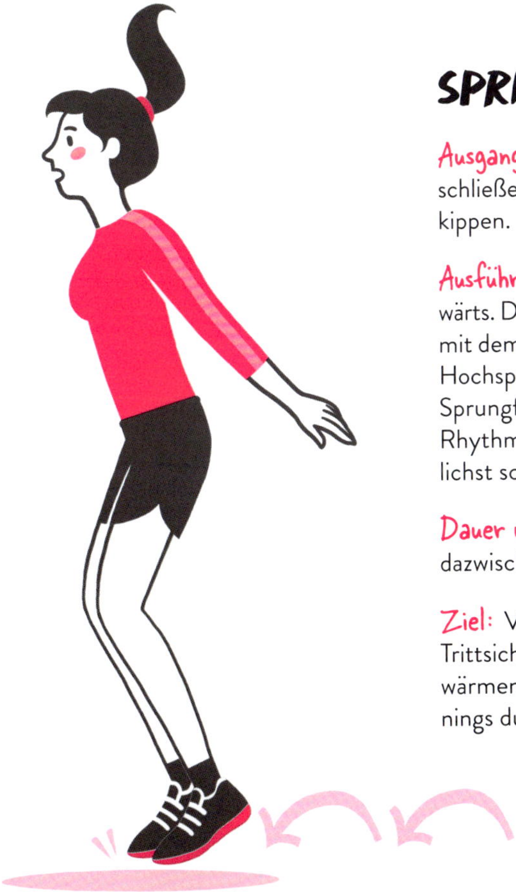

SPRINGEN

Ausgangsposition: Stell dich aufrecht hin. Füße schließen, Körper anspannen, Becken nach hinten kippen.

Ausführung: Hüpfe mit geschlossenen Füßen vorwärts. Du musst nicht bei jedem Sprung versuchen, mit dem Kopf die Decke zu berühren, das ist kein Hochsprungwettbewerb. Es geht vielmehr um die Sprungfrequenz. Versuche einen gleichmäßigen Rhythmus zu finden und bei jedem Hüpfer möglichst schnell und dynamisch abzuspringen.

Dauer und Wiederholungen: Zweimal 50 Meter, dazwischen gehen oder joggen.

Ziel: Verbesserung der Schrittdynamik und der Trittsicherheit sowie Pulstraining. Nach dem Aufwärmen oder als Bestandteil des Konditionstrainings durchführen.

2. WOCHE

9. TAG

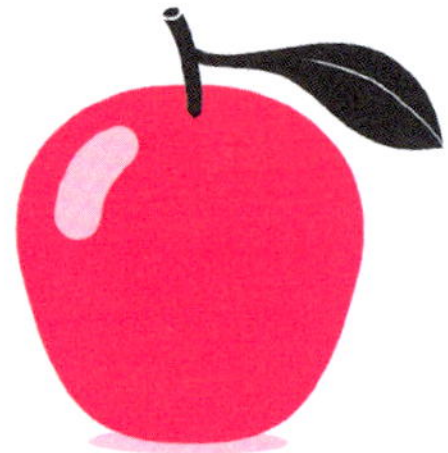

DAS OPTIMALE FRÜHSTÜCK

Wenn du Wert auf ein wirklich gesundes Frühstück legst, ersetze das Brot durch ein ungesüßtes Müsli mit entrahmter Milch. Um den Muskelaufbau zu fördern, sollte es ein bis zwei Esslöffel Haferflocken enthalten. Beende dein Frühstück mit einem Stück frischem Obst und achte darauf, genügend zu trinken (Wasser, Tee, ungesüßten Kaffee).

DIE HEUTIGE TRAININGSEINHEIT

→ Auf geht's. Kremple die Ärmel hoch, und nimm dir fest vor, das Tagespensum zu schaffen. Du möchtest nichts dem Zufall überlassen und hast das Training auf den für dich optimalen Zeitpunkt gelegt. Zusätzliche Herausforderungen kannst du jetzt nicht gebrauchen.

→ Das Aufwärmen ist nur noch eine Formalität: zehn Minuten gehen, um den Körper auf Trab zu bringen.

→ Gesagt, getan. Deine Schritte werden länger, und du beginnst mit dem ersten Intervall: drei Minuten laufen und danach eine Minute gehen. Ups, es fällt dir schwer, durchzuhalten. Du hast deine Kräfte ein wenig überschätzt.

→ Das zweite Intervall beginnt, und du wagst kaum zu hoffen, dass es besser wird. Vielleicht ist ja die Uhr stehengeblieben. Nein? Das kann ja heiter werden!

→ Es bleibt kaum Zeit für Klagen, denn schon wird die letzte Laufrunde eingeläutet. Die drei Minuten kommen dir unendlich lang vor. Deine Beine drohen zu streiken. Glücklicherweise treibt dich eine leise innere Stimme vorwärts und bewahrt dich vor dem Zusammenklappen. Denk an all die verbrannten Kalorien und an deinen Wunsch, genauso schlank zu werden wie Judith Rakers. Komischerweise funktioniert es. Du bist heilfroh, dass du am Ende nicht mehr laufen musst. Wieder hast du eine Etappe geschafft.

DIE TRAININGSEINHEIT IN ZAHLEN

DAUER Ins Lauftagebuch eintragen	**32 MINUTEN** (Aufwärmen, Laufen und Cool-down)
DIE MAGISCHE FORMEL (auf einen Zettel schreiben und in die Tasche stecken)	**10'G + 3 X (3'L / 1'G) + 10'G**

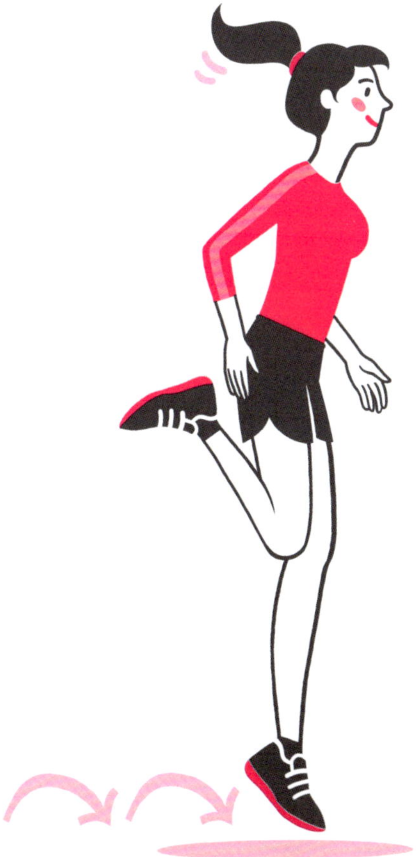

SPRINGEN AUF EINEM BEIN

Ausgangsposition: Den Körper anspannen, die Arme locker hängen lassen, stabil stehen.

Ausführung: Auf einem Bein hüpfen wie beim Himmel-und-Hölle-Spiel. Pro Bein dreimal, dann das Bein wechseln.

Dauer und Wiederholungen: Zweimal 50 Meter. Zum Ausgangspunkt zurückgehen (schnell) oder joggen.

Ziel: Kräftigung der Lauf- und Fußmuskulatur. Nach dem Aufwärmen oder als Bestandteil des Konditionstrainings durchführen.

2. WOCHE

10. TAG

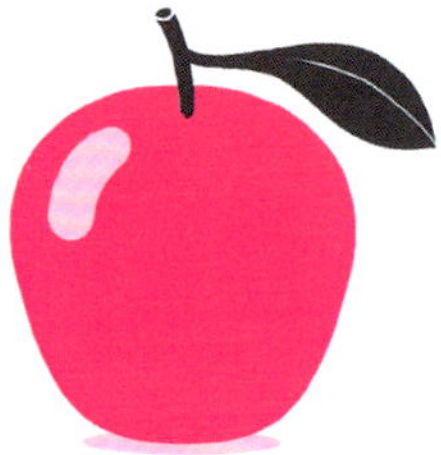

KONTROLLIERTES MITTAGESSEN

Fahre fort wie in der ersten Woche: Fülle deinen Teller mit mageren Proteinlieferanten, Gemüse und Kohlenhydratlieferanten oder Hülsenfrüchten. Allerdings darfst du dir jetzt fünf bis sechs Esslöffel gekochte Sättigungsbeilage genehmigen. Die Mahlzeit mit einem Esslöffel Raps- oder Olivenöl aromatisieren. Als Dessert isst du ein Stück frisches Obst und/oder einen Naturjoghurt.

DIE HEUTIGE TRAININGSEINHEIT

→ Die Laune ist im Keller. Doch so schnell lässt du dich nicht entmutigen. Denk dran: Du bist eine Granate. Ja, heute wirst du dein Laufpensum um eine weitere Minute steigern. Aber das schaffst du. Starte mit zehn Minuten Gehen, auch wenn es dir keinen Spaß macht.

→ Denk positiv; du wirst es schaffen. Langsam, aber sicher geht es voran. Die Erholungspause ist willkommen, wäre aber nicht unbedingt nötig gewesen. Das motiviert dich.

→ Auch das folgende Laufintervall spulst du problemlos ab. Du hältst durch, und dein Körper reagiert immer besser. Er flößt dir richtig Respekt ein.

→ Du hängst ein wenig durch? Lenk dich ab, indem du die Landschaft betrachtest. Es sind die Kleinigkeiten, die dich bei der Stange halten: ein altes Paar, das sich auf einer Parkbank küsst, ein liebeskranker Teenager, der in einem Lyrikband liest, oder eine Qigong-Gruppe. Wenn deine Gedanken mit etwas anderem beschäftigt sind, vergisst du, wie anstrengend das Laufen ist, und läufst einfach. Schon darfst du dich wieder eine Minute erholen und Atem schöpfen. Tief ausatmen. Einatmen. Das letzte Laufintervall in Angriff nehmen.

→ Du bist ein Warrior, kannst dein Tempo sogar noch steigern. Nichts kann dich heute aufhalten. Die Tragödie wurde abgewendet. Die letzten drei Minuten läufst du stressfrei. Das ist gut fürs Selbstvertrauen.

DIE TRAININGS-EINHEIT IN ZAHLEN

DAUER Ins Lauftagebuch eintragen	**36 MINUTEN** (Aufwärmen, Laufen und Cool-down)
DIE MAGISCHE FORMEL (auf einen Zettel schreiben und in die Tasche stecken)	**10'G + 4 X (3'L/1'G) + 10'G**

DREHSITZ

Ausgangsposition: Setz dich auf den Boden. Das linke Bein strecken, das rechte anwinkeln und den Fuß an der Außenseite des linken Oberschenkels flach aufsetzen. Die Ferse Richtung Becken ziehen.

Ausführung: Mit geradem Rücken das rechte Knie mit der linken Hand umfassen und vorsichtig Richtung Brustkorb ziehen. Brust und Kopf gleichzeitig sanft nach rechts drehen. Die rechte Hand hinter dem Körper auf dem Boden abstützen.

Dauer: Den Drehsitz 15 bis 20 Sekunden halten, dann das Bein wechseln.

Ziel: Dehnung der Gesäßmuskeln und der hinteren äußeren Oberschenkelmuskulatur, um Schmerzen beim Laufen oder beim Konditionstraining vorzubeugen. Nach dem Konditionstraining und gelegentlich nach dem Lauftraining durchführen.

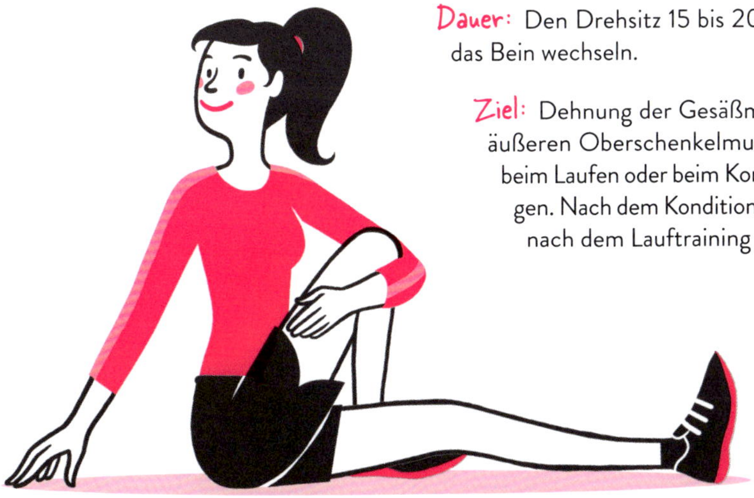

2. WOCHE

11. TAG

LIEBLINGSSNACK

Um deine Glykogenspeicher aufzufüllen, darfst du dir nachmittags einen Snack genehmigen. Danach folgt dann nur noch ein leichtes Abendessen, damit die Pfunde purzeln können. Du hast die Wahl zwischen ein bis zwei Stückchen dunkler Schokolade (mindestens 70 % Kakaogehalt) oder einer Handvoll Schalenfrüchte, Nüsse oder Samen wie z. B. ungesalzene Mandeln, Pistazien oder Walnüsse. Sie liefern Ballaststoffe, essenzielle Fettsäuren und Proteine.

DIE HEUTIGE TRAININGSEINHEIT

→ Du strotzt nur so vor Energie und kannst es kaum erwarten. Beim Aufwärmen stimmst du deinen Körper aufs Laufen ein und lässt alle störenden Gedanken los.

→ Du läufst vier Minuten in vollkommener, heiterer Gelassenheit. Weil du dieses Pensum noch nicht verinnerlicht hast, schaust du häufiger auf die Uhr, um den richtigen Zeitpunkt für die erste Pause nicht zu verpassen. Alles läuft wie am Schnürchen.

→ Auch das zweite Intervall ist die reine Freude. Kaum angefangen, ist sie schon wieder vorbei. Runde drei absolvieren deine Beine wie von selbst. Du kannst in Ruhe an deiner Haltung arbeiten: Du richtest dich auf, spannst die Pobacken an, lässt die Arme locker mitschwingen. Dein Atem fließt ganz natürlich. Was für ein Fortschritt!

→ Wenn es nur immer so bliebe ... Nach einer Minute Gehen beschleunigst du das Tempo für das letzte Laufintervall. Du bist müde, aber du gibst alles. Denk an etwas Schönes, das hilft dir über die Erschöpfung hinweg. Du beendest das Training mit einem Lächeln auf den Lippen und kehrst gut gelaunt nach Hause zurück.

DIE TRAININGS-EINHEIT IN ZAHLEN		
	DAUER Ins Lauftagebuch eintragen	**40 MINUTEN** (Aufwärmen, Laufen und Cool-down)
	DIE MAGISCHE FORMEL (auf einen Zettel schreiben und in die Tasche stecken)	**10'G + 4 X (4'L/1'G) + 10'G**

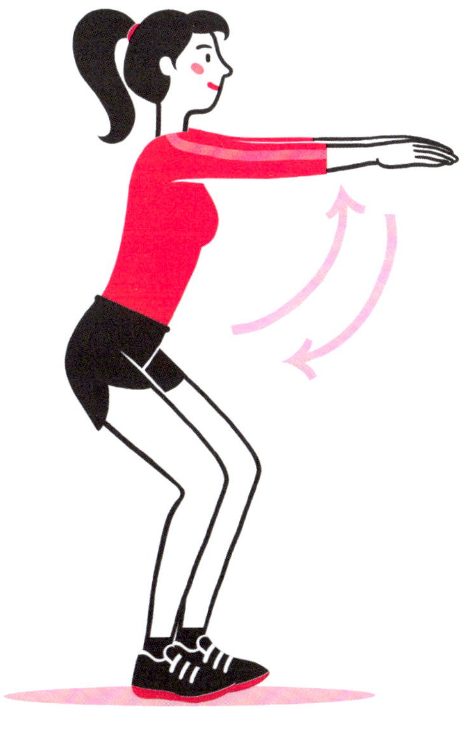

KRÄFTIGUNG DER SCHULTERN

Ausgangsposition: Stell dich mit hüftbreit geöffneten Beinen aufrecht hin. Die Knie leicht beugen, den Rücken gerade, den Kopf in Verlängerung der Wirbelsäule halten. Die Arme neben dem Körper hängen lassen.

Ausführung: Stell dir vor, auf deinen Schultern läge eine Stange. Die Arme mit der Ausatmung gestreckt nach vorne heben, bis sie auf einer Linie mit den Schultern sind, und mit der Einatmung wieder sinken lassen. Den Kopf dabei nicht bewegen.

Dauer und Wiederholungen: Dreimal zehn bis 15 Wiederholungen. Weitere zehn bis 15 Wiederholungen mit der Vorstellung, dass die Stange schwer auf den Schultern lastet.

Ziel: Stärkung der Rumpfmuskulatur für eine bessere Laufhaltung. Als Bestandteil des Konditionstrainings durchführen.

2. WOCHE

12. TAG

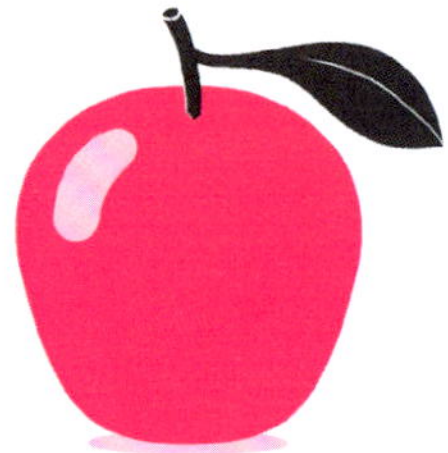

50/50-ABENDESSEN

Noch immer gibt es abends keine Kohlenhydrate – du hast ja schon deine Kohlenhydratration beim Mittagessen erhöht. Das Abendessen sollte sich wie gehabt je zur Hälfte aus mageren Proteinlieferanten (weißes Fleisch oder Fisch) und Gemüse zusammensetzen. Die Mahlzeit mit einem Naturjoghurt oder einer Portion Quark und, wenn du magst, einem Stück frischem Obst abschließen.

DIE HEUTIGE AUFGABE

➔ Heute ist dein Glückstag: Du darfst dir eine wohlverdiente Pause gönnen und deinen schmerzenden Körper nach Strich und Faden verwöhnen. Wie wäre es z. B. mit einer Massage, einem Besuch in der Sauna oder im Dampfbad? Danach fühlst du dich wie neu geboren und kannst voller Elan in ein ultrasportliches Wochenende starten.

➔ Trink ausreichend Tee (oder Wasser), um deinen Organismus mit Flüssigkeit zu versorgen und zu reinigen.

➔ Motivationsschub gefällig? Dann wirf einen Blick auf die Tabelle rechts.

KALORIENVERBRAUCH PRO STUNDE

(Frau mit 65 Kilo Körpergewicht/ 60-minütige Aktivität)

Aktivität	kcal
Gehen 4 km/h	153
Gehen 6 km/h	238
Laufen 10 km/h	645
Laufen 12,5 km/h	794
Laufen 15 km/h	943
Laufen 20 km/h	1836
Aerobic	745
Skilanglauf 5 km/h	446
Radfahren 25 km/h	342
Schwimmen 25 m/min	334
Treppensteigen 5 Etagen/min	142
Autofahren	115
Sitzen	72
Schlafen	58

STIMMUNGSHOCH

Morgen für Morgen das gleiche kleine Wunder: Du bist verdammt gut gelaunt. Und das jeden Tag. Wem ist das zu verdanken? Den Endorphinen oder Glückshormonen, die der Körper nach 20 Minuten Anstrengung ausschüttet. Endorphine machen nicht nur glücklich, sondern sie dämpfen auch Furcht und Schmerz. Grund dafür ist ihre euphorisierende Wirkung: Mit Endorphinen im Blut fühlst du dich wie im siebten Himmel. Zumindest fast ...

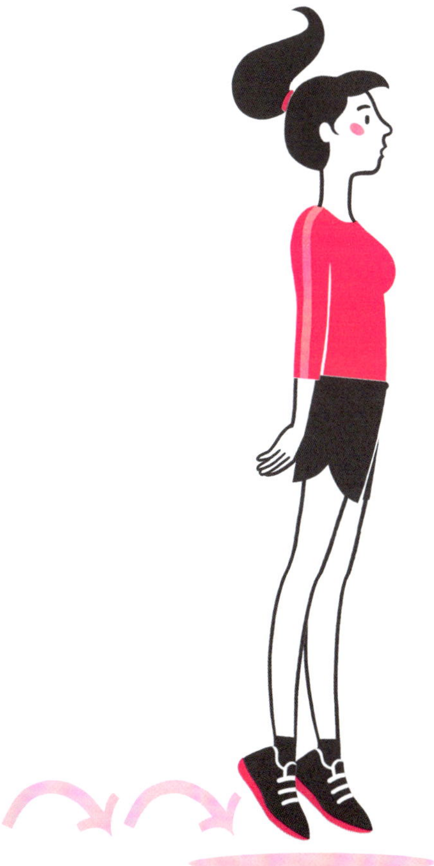

STRECKSPRUNG

Ausgangsposition: Stell dich aufrecht hin, und spanne den ganzen Körper an. Den Bauch einziehen und die Arme seitlich hängen lassen.

Ausführung: Mit fast gestreckten Beinen kraftvoll und dynamisch in die Höhe springen. Die Knie nur leicht beugen.

Dauer und Wiederholungen: Zweimal zehn Sprünge mit einer Minute Pause zwischen den Durchgängen.

Ziel: Hervorragende Übung zur Stärkung der Fußmuskulatur und der Lauftechnik. Zu Beginn oder am Ende des Lauftrainings oder auch außerhalb durchführen.

ZIEL: –2 KG/35'

2. WOCHE

13. TAG

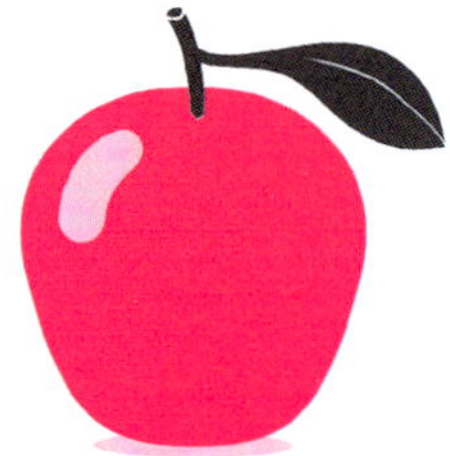

OBST ALS VORSPEISE

Wenn du abnehmen möchtest, musst du auf Zuckerbomben (Kuchen, Bonbons, Limonaden ...) verzichten. Obst enthält zwar auch Zucker, aber darüber hinaus auch viele Vitamine und Ballaststoffe. Deshalb ist es eine gute Wahl. Allerdings solltest du dich auf ein bis zwei Früchte pro Tag beschränken. Am besten isst du sie vor einer Hauptmahlzeit. Das dämpft Gärprozesse in Magen und Darm, die Lust auf Süßes und den Hunger ganz allgemein. Gute Idee, oder?

DIE HEUTIGE TRAININGSEINHEIT

→ Am liebsten würdest du das Training heute schwänzen. Damit es nicht so weit kommt, rufst du eine Freundin an und verabredest dich mit ihr zum Laufen. Beim zehnminütigen Aufwärmtraining plauderst du mit ihr, und schon bessert sich deine Laune.

→ Zum Glück könnt ihr euch beim Laufen weiterunterhalten. Du bist gerettet. Du passt dich dem Tempo deiner Partnerin an und absolvierst mit ihr sieben Laufintervalle. Alles fügt sich harmonisch ineinander. Easy ... In den ersten Erholungspausen könnt ihr sogar Einzelheiten aus eurem aufregenden Privatleben erörtern.

→ Während der fünften Runde tauscht ihr die Rollen. Nun bombardierst du deine Partnerin mit Fragen. Es ist leichter, beim Laufen Fragen zu stellen, als zu antworten. Du nutzt die Situation schamlos aus.

→ Noch drei Minuten laufen und quasseln. Macht ordentlich Quatsch in der Erholungsphase, damit ihr richtig lachen müsst.

→ Zum Schluss des Trainings setzt du noch einen drauf: In der abschließenden Laufsequenz gibst du noch mal richtig Gas, und auf den letzten Metern versuchst du einen Sprint. Das tut total gut.

DIE TRAININGS-EINHEIT IN ZAHLEN		
	DAUER Ins Lauftagebuch eintragen	**48 MINUTEN** (Aufwärmen, Laufen und Cool-down)
	DIE MAGISCHE FORMEL (auf einen Zettel schreiben und in die Tasche stecken)	**10'G + 7 (3'L/1'G) + 10'G**

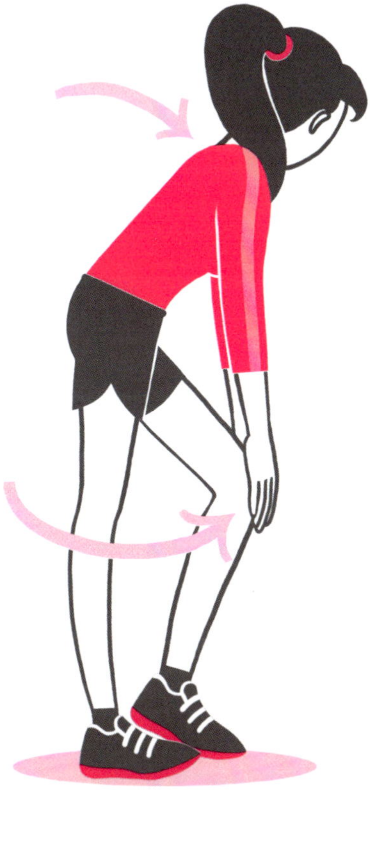

DEHNUNG DER OBER-SCHENKELRÜCKSEITEN

Ausgangsposition: Stell dich aufrecht hin, kippe das Becken nach hinten, und beuge den Oberkörper leicht nach vorne, sodass die Rückseiten der Oberschenkel passiv gedehnt werden.

Ausführung: Ein Bein leicht beugen, das andere strecken. Den Oberkörper vorsichtig mit geradem Rücken weiter nach vorne neigen und die Hände auf das gebeugte Knie legen. Das Körpergewicht ruht auf der Ferse des gestreckten Beins. Der Kopf befindet sich in Verlängerung der Wirbelsäule, der Blick geht schräg nach unten.

Dauer: Die Dehnung 15 bis 20 Sekunden halten, dann das Bein wechseln.

Ziel: Muskelkater nach dem Laufen vorbeugen. Am Ende jeder Trainingseinheit durchführen.

2. WOCHE

14. TAG

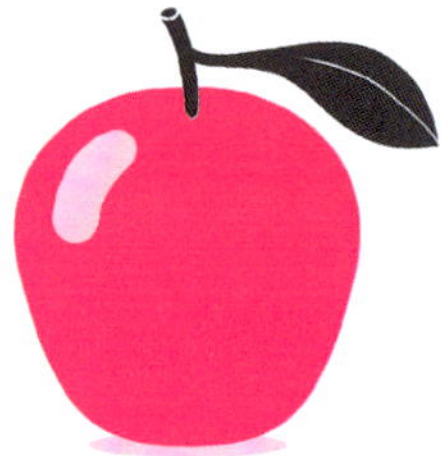

EINMAL PRO TAG PASTA

Vergiss das Märchen vom Fußballer, der ohne Pasta rund um die Uhr nicht über den Tag kommt. Du bist am Abnehmen! Pasta oder Reis gibt es deshalb nur einmal am Tag, und zwar zum Mittagessen, jeweils sechs Esslöffel der gekochten Beilage, nicht mehr.

Am besten greifst du stets zu Vollkornprodukten mit niedrigem glykämischem Index. Sie liefern viel Energie und sorgen für ein lang anhaltendes Sättigungsgefühl. Dazu löffelst du dir eine gleich große Portion Gemüse auf den Teller.

DIE HEUTIGE TRAININGSEINHEIT

→ Wo ein Wille ist, ist auch ein Weg. Deshalb gibt es heute eine Programmänderung. Du beginnst wie immer mit schnellem Gehen, aber schon nach 100 Metern fängst du an zu joggen.

→ Zum ersten Mal erfolgt das Aufwärmen im Laufen: zehn Minuten langsames Joggen, um den eigenen Rhythmus zu finden. Sie kommen dir wahrscheinlich lang vor, aber du schaffst das.

→ Bim, bam, bum – du bist bereit für das erste vierminütige Laufintervall. Deine Schritte werden ausgreifender, du erhöhst das Tempo. Zwar kannst du Usain Bolt noch nicht das Wasser reichen, aber deine Leistung ist trotzdem erwähnenswert.

→ Leicht k. o. schöpfst du beim Gehen wieder Atem. Dann folgt der nächste Vierminutenlauf. Du bewegst dich gleichmäßig und dynamisch, hast das Gefühl zu galoppieren.

→ Karamba, am Ende kommst du ganz schön aus der Puste. Dein Blick klebt an der Uhr, du zählst die letzten Sekunden herunter. Bald kannst du dich wieder eine Minute erholen.

→ Noch drei Intervalle. Wow, noch ist es nicht geschafft, aber du bleibst dran.

→ You did it! Niemals hättest du das gedacht. 35 Minuten laufen – zwei Kilo abgenommen! Du hast es geschafft!

DIE TRAININGS-EINHEIT IN ZAHLEN

DAUER Ins Lauftagebuch eintragen	**35 MINUTEN** (Aufwärmen, Laufen und Cool-down)
DIE MAGISCHE FORMEL (auf einen Zettel schreiben und in die Tasche stecken)	**10'J + 5 X (4'L/1'G)**

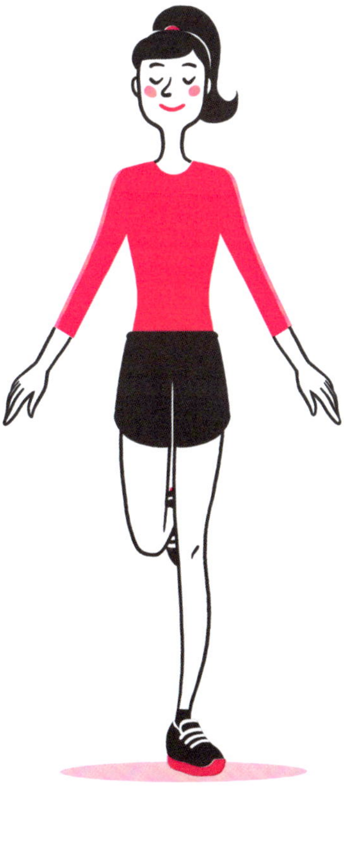

KÖRPERWAHRNEHMUNG

Ausgangsposition: Stell dich aufrecht hin und spüre den Boden unter deinen Füßen. Die Arme locker neben dem Körper hängen lassen.

Ausführung: Das Gewicht auf ein Bein verlagern und das andere Bein nach hinten abwinkeln. Die Arme leicht seitlich abspreizen, um die Haltung auszubalancieren. Schließe die Augen, und halte das Gleichgewicht.

Dauer und Wiederholungen: Zweimal 20 Sekunden pro Bein.

Ziel: Verbesserung der Körperwahrnehmung, der Reflexe und einer stabilen Haltung. Die Übung hilft, Verletzungen vorzubeugen. Am Ende jedes Lauftrainings zusammen mit den Dehnübungen durchführen.

3. WOCHE
ZIEL: -3. KILO / 45'

15. TAG

FRÜHSTÜCKEN WIE EINE KAISERIN

Stimme deine Mahlzeiten weiterhin auf deinen Trainingsplan ab. Ab jetzt darfst du verstärkt Proteine zu dir nehmen, um Muskelmasse aufzubauen. Und Omega-3-Fettsäuren, die die Zellmembran stärken und flexibel halten. Verrühre 100 bis 200 g Magerquark mit drei Esslöffeln Haferkleie, und streue geschrotete Leinsamen darüber. Leinsaat ist sehr reich an Omega-3-Fettsäuren. Damit der Körper sie absorbieren kann, müssen die Samen geschrotet werden. Dazu gibt es eine Tasse Tee oder Kaffee und zum Schluss ein Stück Obst.

DIE HEUTIGE AUFGABE

→ Das Zielgewicht ist in Reichweite. Du setzt in dieser dritten Woche noch mehr Energie frei, um noch besser zu laufen.

→ Heute steht statt Laufen Stretching auf dem Programm: 45 Minuten Dehnübungen zur Lösung oder Linderung muskulärer Verspannungen. Es gibt nichts Besseres, um den Körper zu entgiften und Muskeln und Gelenke wieder geschmeidig zu machen. Jede Position wird eine Zeitlang gehalten und einmal wiederholt.

→ Schalte das Licht aus, leg sanfte Musik auf, zünde ein paar Kerzen an, und los geht's. Als Unterlage kann ein Teppich oder eine Matte dienen.

→ Zuerst kommt der Rücken dran. Geh in den Vierfüßlerstand, und lass den Rumpf mit gestreckten Armen Richtung Boden sinken, sodass der Brustkorb sich weitet. Etwa 20 Sekunden halten, den Körper wieder aufrichten und von Neuem beginnen.

→ Nun das linke, dann das rechte Bein dehnen. Anschließend die linke und rechte Pobacke, dann den linken und rechten Arm. Dehne jeden Teil deines Körpers sanft und systematisch. Spürst du, wie gut dir das tut?

→ Zum Schluss entspannst du dich zwei Minuten mit geschlossenen Augen im Liegen. Lass alle störenden Gedanken los. Stell dir etwas Schönes vor, und genieße die Ruhe.

ALLES KOPFSACHE!

Präge dir nach jeder Trainingseinheit ein, was du beim Laufen empfunden hast: Freude an der Bewegung, Wohlbefinden, die Zufriedenheit, dein Pensum geschafft zu haben. Und worüber hast du dich unterwegs amüsiert? Erzähl davon ruhig deinen Lieben. Empfindungen auszusprechen hilft dabei, sich ihrer bewusst zu werden. Es ist die Erinnerung an all die positiven Gefühle, die dich für die nächste Trainingseinheit motiviert. Sie ist der Motor, der dich antreibt.

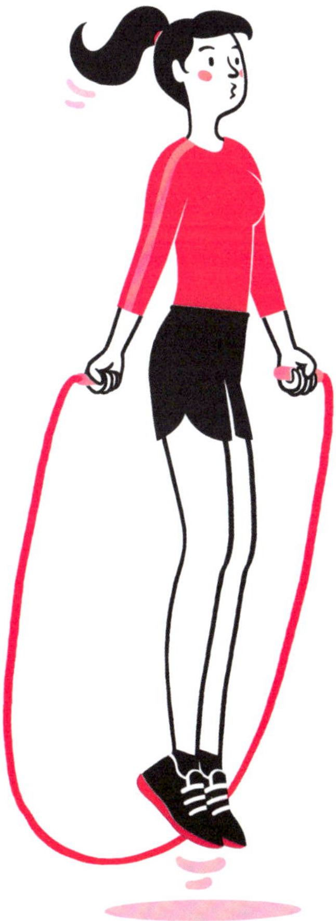

SEILHÜPFEN

Ausgangsposition: Stell dich aufrecht hin. Füße und Beine sind geschlossen; das Körpergewicht gleichmäßig verteilen. Die Handgelenke nach außen drehen, damit sie frei kreisen können.

Ausführung: 20 Sekunden lang gemächlich auf der Stelle hüpfen und dabei das Seil unter den Füßen durchschwingen. Das Pensum erhöhen und 30, 40 oder 50 Sekunden seilspringen. Die Übung wird anstrengender, wenn du eine Minute lang beim Springen die Knie hochziehst oder abwechselnd einbeinig springst. Versuche beim Schwingen des Seils die Schultern unten zu lassen.

Dauer und Wiederholungen: Dreimal drei Minuten mit jeweils einer Minute Pause dazwischen.

Ziel: Stärkung von Herz und Kreislauf, Vergrößerung der Lungenkapazität, Verbesserung der Trittsicherheit und Förderung eines fließenden Bewegungsablaufs, Kräftigung der Muskulatur (Beine, Po, Rücken, Schultern, Bauch). Als Bestandteil des Konditionstrainings durchführen.

3. WOCHE

16. TAG

MITTAGESSEN FÜR KRAFTPAKETE

Dein Mittagessen sollte sich aus 50 % Kohlenhydratlieferanten mit niedrigem GI/Hülsenfrüchten und 50 % Gemüse oder aus einem Drittel eiweißreichen Nahrungsmitteln, einem Drittel Gemüse und einem Drittel Kohlenhydratlieferanten mit niedrigem GI/Hülsenfrüchten zusammensetzen. Dazu, wie gehabt, ein bis zwei Esslöffel Oliven- oder Rapsöl und als Dessert ein Naturjoghurt oder eine Portion Quark. Dank der vielen Ballaststoffe und langsam verstoffwechselten Kohlenhydrate hältst du damit bis zum Abendessen durch, ohne zu schwächeln oder Heißhunger zu bekommen. Achtung: In dieser Woche musst du ohne Imbisse auskommen.

DIE HEUTIGE TRAININGSEINHEIT

- In Sachen Laufen macht dir niemand mehr etwas vor. Und doch musst du dich jeden Tag aufs Neue motivieren. Schon die zehn Minuten joggen zu Beginn kosten dich Überwindung. Jede einzelne Minute, die du geschafft hast, ist ein Sieg über den inneren Schweinehund.
- Widerwillig beginnst du zu laufen. Doch gegen jede Erwartung kommst du flott voran. Unglaublich, aber wahr: Der Motor läuft rund.
- Beim Gehen bekommst du wieder einen klaren Kopf. Immer wieder tief ausatmen.
- Und weiter geht's mit dem nächsten Laufintervall. Du nutzt die Gelegenheit, unterwegs andere Leute zu beobachten: einen Trupp Feuerwehrmänner, Schachspieler beim Freiluftschach, ein paar ältere Damen mit Hunden an der Leine. Beiß die Zähne zusammen!
- In den letzten fünf Laufminuten katapultiert dein Geist dich an einen Strand auf den Seychellen. Du spürst die wärmende Sonne auf deiner Haut und läufst Slalom zwischen Palmen. Stopp!
- Beende das Lauftraining mit fünfminütigem sehr langsamem Joggen, und kehre dabei ins Hier und Jetzt zurück. Dein Körper entspannt sich. Zeit für deine Dehnübungen – der beste Moment in der gesamten Trainingseinheit.

DIE TRAININGS-EINHEIT IN ZAHLEN		
	DAUER Ins Lauftagebuch eintragen	**33 MINUTEN** (Aufwärmen, Laufen und Cool-down)
	DIE MAGISCHE FORMEL (auf einen Zettel schreiben und in die Tasche stecken)	**10'J + 3 X (5'L/1'G) + 5'J**

BAUCHMUSKELN AUS BETON

Ausgangsposition: Leg dich auf den Rücken. Die Beine anwinkeln, die Bauchmuskeln anspannen und die Arme nach oben strecken. In jeder Hand hältst du eine Flasche Wasser oder eine Hantel.

Ausführung: Ein Bein strecken und gleichzeitig beide Arme gestreckt hinter den Kopf führen. In die Ausgangsposition zurückkehren und die Seite wechseln.

Dauer und Wiederholungen: Drei- oder viermal 20 Wiederholungen mit einer Minute Pause zwischen den Durchgängen.

Ziel: Kräftigung der Bauchmuskulatur und Verbesserung der Körperhaltung. Als Bestandteil des Konditionstrainings oder unabhängig davon durchführen.

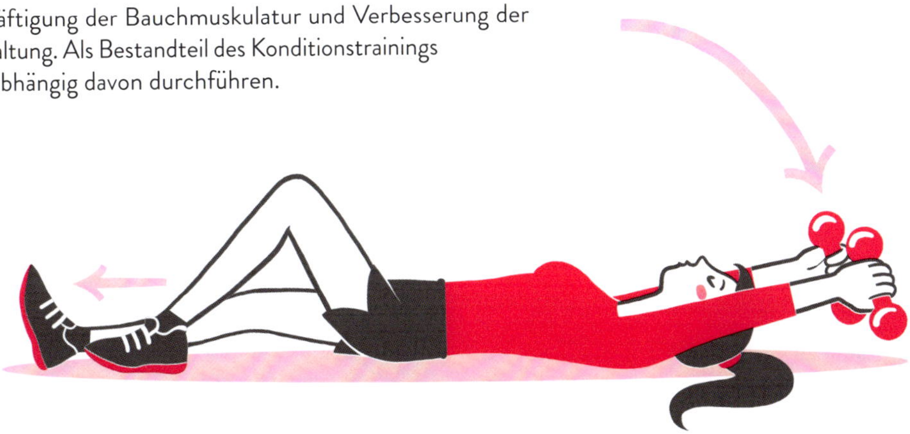

3. WOCHE

17. TAG

GALADINER

Es gibt beim Abendessen immer noch keine Kohlenhydrate – du hast ja schon beim Mittagessen zugeschlagen. Dein Teller ist zu gleichen Teilen aus Proteinlieferanten und Gemüse gefüllt. Dreimal pro Woche solltest du dir statt weißem Fleisch oder Fisch mageres rotes Fleisch (z. B. Rinderfilet) gönnen. Es ist ein guter Eisenlieferant. Zum Nachtisch gibt es ein Naturjoghurt und/oder ein Stück Obst.

DIE HEUTIGE TRAININGSEINHEIT

➡ Heute ist Fitness- bzw. Konditionstraining angesagt. Darum kommt beim Sport niemand herum. Roger Federer, Laura Dahlmeier, Neymar ... Ohne Fitnesstraining könnten sie keine Höchstleistungen erbringen. Du bist also in guter Gesellschaft.

➡ Mindestens zwei Einheiten Fitnesstraining solltest du in deinen wöchentlichen Trainingsplan aufnehmen. Idealerweise führst du die Übungen an Tagen aus, an denen kein Lauftraining auf dem Programm steht. Konditionstraining ist eine exzellente Alternative zum Laufen.

➡ Du kannst im Fitnessstudio, zu Hause oder an deinem üblichen Trainingsort trainieren. Das Programm sollte sich aus Bauchmuskelübungen, Kniebeugen und Übungen für den Rücken zusammensetzen. Tipps dazu findest du in diesem Buch reichlich.

➡ Beginne mit dynamischen Übungen im Stehen und fahre mit statischen Übungen im Liegen fort.

➡ Durch das Muskeltraining verbessert sich deine Haltung beim Laufen (du sackst nicht mehr in dich zusammen). Das spart Energie, und du läufst viel effizienter. Nur so kommst du wirklich weiter.

WIE WÄR'S MIT RUN & BIKE?

Run & Bike ist ein abwechslungsreiches Fitnesstraining für zwei. Eine von beiden startet auf dem Fahrrad, die andere zu Fuß. Ihr einigt euch auf ein gemeinsames Tempo und wechselt euch alle zwei, drei, fünf oder zehn Minuten ab.

Das erscheint auf den ersten Blick kinderleicht, ist in der Praxis aber gar nicht so einfach. Vor allem die Übergänge haben es in sich, denn beim Fahrradfahren und beim Laufen werden unterschiedliche Muskeln beansprucht. Auf den ersten Metern läuft es wahrscheinlich noch nicht so richtig rund. Aber dann flutscht es.

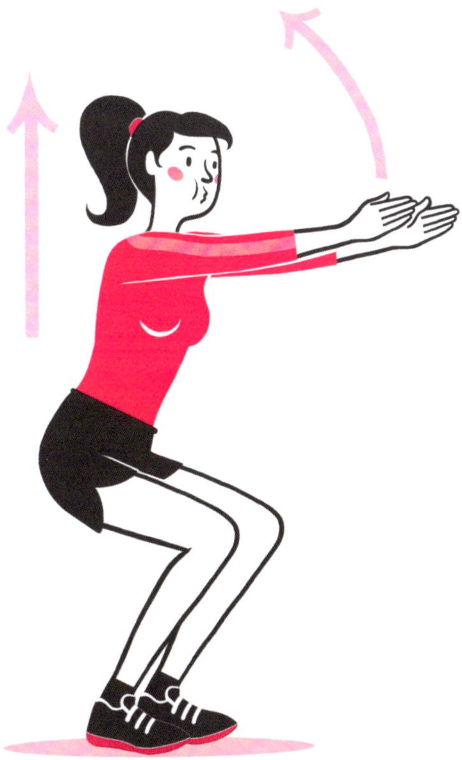

KNIEBEUGEN MIT SPRUNG

Ausgangsposition: Stell dich aufrecht hin. Das Becken nach hinten kippen, die Bauchmuskeln anspannen und die Beine leicht beugen.

Ausführung: Tiefer in die Kniebeuge gehen, bis die Oberschenkel parallel zum Boden stehen. Die Arme nach vorne strecken. Spannung bis in die Fingerspitzen! Aus dieser Haltung zehn bis 20 Zentimeter hochspringen und die Arme dabei nach oben strecken.

Dauer und Wiederholungen: Je nach vorausgegangener Trainingseinheit ein- bis viermal vier bis sechs Sprünge.

Ziel: Kräftigung der vorderen Oberschenkelmuskulatur und der Wadenmuskeln. Als Bestandteil des Konditionstrainings durchführen.

ZIEL: -3. KG/45'

3. WOCHE

18. TAG

DUNKLE SCHOKOLADE ZUR BELOHNUNG

Dunkle Schokolade mit mindestens 70 % Kakao ist eine wunderbare Belohnung für sportliche Höchstleistungen. Sie hat einen verhältnismäßig niedrigen glykämischen Index (GI: 35), enthält viel Magnesium und Kalium und sorgt dafür, dass du am Folgetag besser in die Gänge kommst.
Allerdings ist Naschen während des Trainings tabu: Es könnte zu Verdauungsproblemen führen, ganz abgesehen davon, dass die Schokolade in der Hosentasche schmilzt ... Zwei bis drei Stunden nach dem Training ist es endlich so weit. Dank ihres hohen Kalium- und Magnesiumgehalts fördert dunkle Schokolade einen gesunden Herzrhythmus. Außerdem macht sie glücklich. Lass dir nach einer guten protein- und kohlenhydratreichen Mahlzeit zwei, höchstens drei Stückchen auf der Zunge zergehen, denn Schokolade hat sehr viele Kalorien. Oder heb sie für den Snack in Woche vier auf.

DIE HEUTIGE TRAININGSEINHEIT

→ Wir kommen aufs Wesentliche zurück: das Laufen. Die gute Nachricht: Es gibt heute nichts, worüber du nachdenken müsstest. Die Trainingseinheit ist so simpel wie Guten-Tag-Sagen. Ein paar Meter gehen – dabei die Arme kraftvoll einsetzen und tief ein- und ausatmen –, dann drei Minuten joggen zum Aufwärmen.

→ Dann beschleunigst du allmählich, bis du deinen Laufrhythmus gefunden hast. Lauf nicht zu schnell und nicht zu langsam. Das Konditionstraining vom Vortag macht sich bemerkbar. Egal, vergiss deinen Muskelkater.

→ Am besten nimmst du deinen MP3-Player mit und hörst beim Laufen Musik, die dir Feuer unterm Hintern macht. Heute gilt es, 30 Minuten durchzuhalten. Blende alle störenden Gedanken aus. Die erste Viertelstunde ist immer die schwierigste.

→ Die folgenden zehn Minuten vergehen schneller. Endorphine fluten deinen Körper, und du kommst richtig in Schwung. Dein Atem fließt, die Beine laufen wie von selbst. Du überholst sogar eine kleine Läufergruppe ein paar Meter vor dir.

→ Die letzten fünf Minuten puscht dich das „Theme from Rocky“ vorwärts. Da kann keiner widerstehen. Das ist die tödliche Waffe.

→ Adele begleitet dich während der letzten zehn Minuten, die du im Gehen zurücklegst. Du hast es geschafft. Lächeln!

DIE TRAININGS-EINHEIT IN ZAHLEN

DAUER Ins Lauftagebuch eintragen	**43 MINUTEN** (Aufwärmen, Laufen und Cool-down)
DIE MAGISCHE FORMEL (auf einen Zettel schreiben und in die Tasche stecken)	**3'J + 30'L + 10'G**

AUSZIEHTISCH

Ausgangsposition: Begib dich in den Vierfüßlerstand. Der Kopf befindet sich in Verlängerung der Wirbelsäule.

Ausführung: Das linke Bein nach hinten und den rechten Arm nach vorn strecken. Die Position 30 Sekunden halten, dann die Seite wechseln. Die diagonale Streckung imitiert die Diagonalbewegung beim Laufen und aktiviert die entsprechenden Rumpfmuskeln.

Dauer und Wiederholungen: Vier- bis fünfmal 20 bis 30 Sekunden.

Ziel: Stärkung der Rückenmuskulatur zur Verbesserung der Haltung. Ein kräftiger und zugleich entspannter Rücken erleichtert flüssige, ökonomische und effiziente Bewegungen. Im Rahmen des Konditionstrainings durchführen.

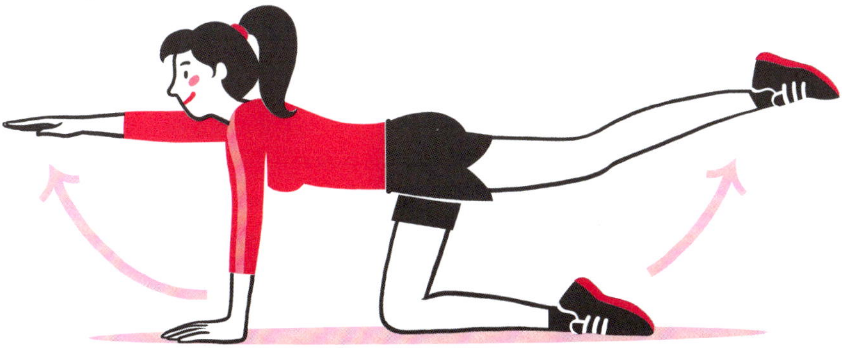

3. WOCHE

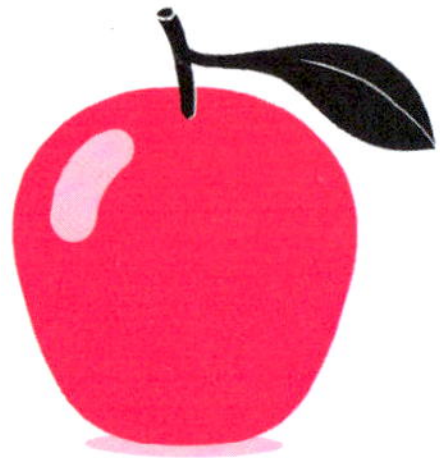

19. TAG

WEG MIT DEM SPECK!

Damit du gelegentlichen Heißhungerattacken nicht hilflos ausgeliefert bist, inspiziere deinen Kühlschrank und deine Vorräte und sortiere alles Ungesunde aus.

→ Fette: Nur gemäß unseren Empfehlungen verzehren. Butter, Sahne, Schmalzgebäck und Wurstwaren sind tabu.

→ Versteckte Fette: süße Teilchen, Süßigkeiten, Blätterteigtaschen, salzige Knabbereien usw. – ebenfalls verboten.

→ Flüssige Kalorien: Säfte, Limonaden, alkoholische Getränke gibt's nur in Ausnahmefällen.

DIE HEUTIGE AUFGABE – AUSRUHEN!

→ So. Seit knapp drei Wochen führst du wieder Regie in deinem Leben, und es fühlt sich gut an. Körperlich und mental bist du fit, und du hältst dich strikt an unsere Empfehlungen, um abzunehmen und eine echte Läuferin zu werden.

→ Deine Bemühungen zahlen sich aus. Dein Leben hat sich verändert. Du fühlst dich zehn Jahre jünger, verfügst über eine eiserne Gesundheit und eine unerschütterliche Moral. Dein Körper hat sich verändert, das sieht nicht nur so aus. Du schläfst besser und bist leistungsfähig wie nie zuvor. Es gelingt dir sogar, dir hin und wieder ein Vergnügen zu gönnen, für das du früher einfach keine Zeit gefunden hast.

→ Du hast deinen Alltag im Griff, und es fällt dir direkt schwer, aufs Laufen zu verzichten, so sehr ist es zu einem Teil deines Lebens geworden. Du musst aufpassen, dass es nicht zu einer Sucht wird. Deshalb gönn dir heute eine echte Pause: Geh shoppen oder ins Kino oder mit einer Freundin zum Mittagessen.

DIE EISERNE LADY

Damit du durch das viele Laufen keinen Eisenmangel entwickelst, nimm Nahrungsmittel mit einem hohen Eisengehalt in deinen Speiseplan auf: rotes Fleisch, Innereien (Leber, Nieren, Blutwurst), Fisch und Schalentiere, Eier (das Eigelb), Getreide und Schalenfrüchte/Nüsse/Samen (Mandeln oder Pistazien), dunkle Schokolade, Hülsenfrüchte, Fenchel, Brokkoli, Paprika.

MUSKELKATER ADE

Es ist im Alltag nicht immer leicht, sich zum Sport aufzuraffen, vor allem, wenn man von vornherein weiß, dass sich hinterher unangenehmer Muskelkater einstellen wird. Hierbei handelt es sich um eine natürliche Antwort des Körpers auf winzige Risse im Muskelgewebe, die beim sportlichen Training, also auch beim Laufen entstehen. Der Muskel schwillt an und beginnt zu schmerzen. Um Muskelkater zu vermeiden, solltest du dein Trainingspensum nur langsam steigern und nach jeder Trainingseinheit Dehnübungen durchführen. Und viel Wasser trinken.

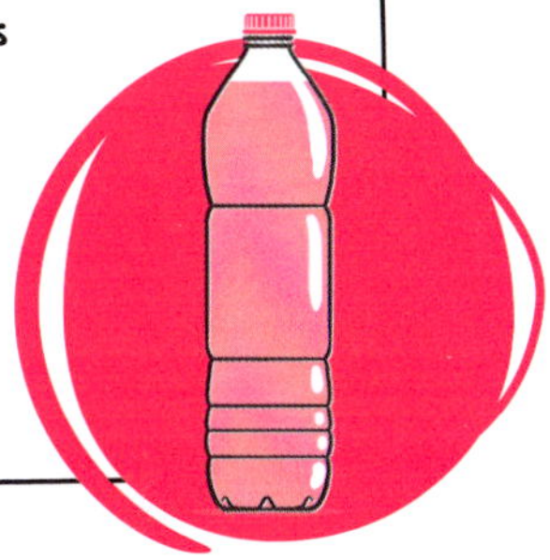

HALBER LIEGESTÜTZ

Ausgangsposition: Geh in den Vierfüßlerstand und heb die Unterschenkel vom Boden. Die Hände mehr als schulterbreit vor dem Körper aufsetzen, sodass der Körper von den Knien bis zum Scheitel eine gerade Linie bildet. Die Finger zeigen nach vorne.

Ausführung: Die Arme mit nach außen gerichteten Ellbogen beugen, bis der Brustkorb leicht den Boden berührt, dann den Rumpf aus der Kraft der Arme wieder nach oben drücken. Dabei die Bauchmuskeln anspannen und den Bauchnabel einziehen, damit der Rücken stabil bleibt. Den Blick Richtung Boden richten, um Nackenschmerzen vorzubeugen.

Dauer und Wiederholungen: Fünfmal 15 bis 20 Wiederholungen mit einer Minute Pause zwischen den Durchgängen.

Ziel: Kräftigung der gesamten Muskulatur, um Verletzungen vorzubeugen. Am Ende des Konditionstrainings durchführen.

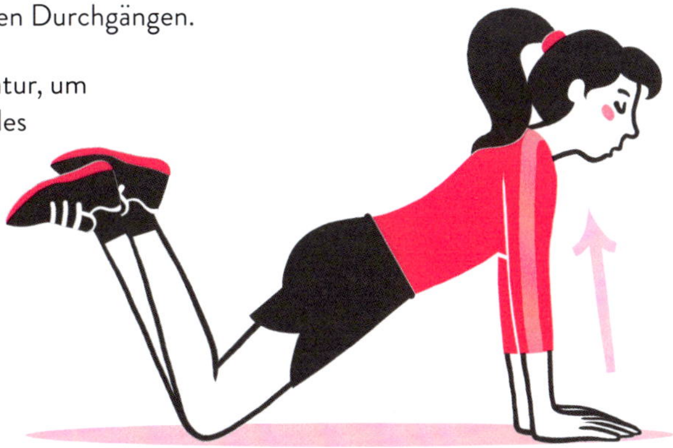

3. WOCHE

20. TAG

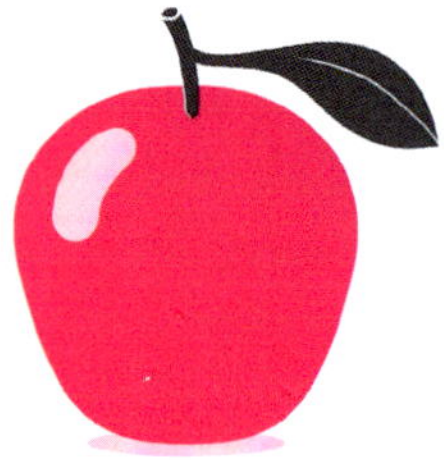

AUSGESUCHTE FETTE UND ÖLE

Ausgebackenes, Soßen, Crèmes oder Mayonnaise: Produkte, die praktisch nur gesättigte Fettsäuren enthalten, kannst du vergessen – ebenso wie Nahrungsmittel mit hohen Dosen versteckter Fette. Erlaubt sind hingegen Olivenöl, Nuss- oder Rapsöl, die mit wertvollen essenziellen Fettsäuren punkten. Mehr als einen Esslöffel pro Mahlzeit solltest du allerdings nicht zu dir nehmen, denn ein Gramm Fett enthält immerhin neun Kilokalorien.

DIE HEUTIGE TRAININGSEINHEIT

→ Ehe du morgen das nächste Etappenziel ansteuerst, gehst du es noch einmal ganz locker an. Du joggst 20 Minuten gemütlich vor dich hin, nur um dich zu vergewissern, dass du noch laufen kannst und deine Beine ihre Aufgabe quasi von allein erledigen. Genieße das Training voll und ganz.

→ Wähle eine Laufstrecke, die dir gefällt, eine Musik, die dich beflügelt, und ein Outfit, in dem du dich wohlfühlst. Für diesen wunderbaren Augenblick muss alles perfekt sein. Du bist gut in Form und bester Laune. Unbeschwert und leichtfüßig geht es voran. Ganz einfach. Du könntest dem nächstbesten Passanten um den Hals fallen.

→ Die 20 Minuten putzt du genauso schnell weg wie andere ein Eclair. Hätte dir das vor drei Wochen jemand gesagt, du hättest es niemals geglaubt. Ein Wunder!

KLEINER HUNGER?

SCHLECHTE WAHL

100 g Bonbons	600 kcal
100 g Chips	580 kcal
1 Tafel Schokolade	540 kcal

GUTE WAHL

100 g Rosinen	72 kcal
1 Apfel	65 kcal
2 Clementinen	45 kcal
100 g Erdbeeren	35 kcal
1 Fruchtjoghurt	138 kcal
1 gesüßter Joghurt	86 kcal
1 Naturjoghurt	58 kcal
1 Stück Magerkäse	30 kcal

DIE TRAININGSEINHEIT IN ZAHLEN

DAUER Ins Lauftagebuch eintragen	**20 MINUTEN** (Laufen)
DIE MAGISCHE FORMEL (auf einen Zettel schreiben und in die Tasche stecken)	**20' JOGGEN**

UNTERARMSTÜTZ

Ausgangsposition: Geh aus dem Vierfüßlerstand in den Unterarmstütz, die Unterarme unterhalb der Schultern aufstützen, die Beine nach hinten strecken und die Zehenspitzen aufstellen. Der Blick geht nach unten.

Ausführung: Den Körper von den Schultern bis zu den Fersen ganz gerade ausrichten. Den Rücken weder durchhängen lassen noch nach oben wölben. Bauch- und Pomuskeln fest anspannen.

Dauer und Wiederholungen: Zweimal 20 bis 30 Sekunden halten, dann entspannen. Anschließend zweimal eine Minute halten. Dazwischen 30 Sekunden Pause.

Ziel: Kräftigung der gesamten Rumpfmuskulatur, vor allem der Bauch-, Rücken- und Brustmuskeln. Im Rahmen des Fitnesstrainings durchführen.

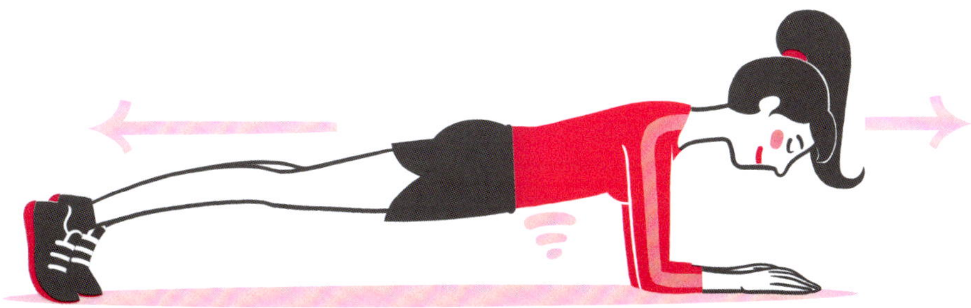

3. WOCHE

21. TAG

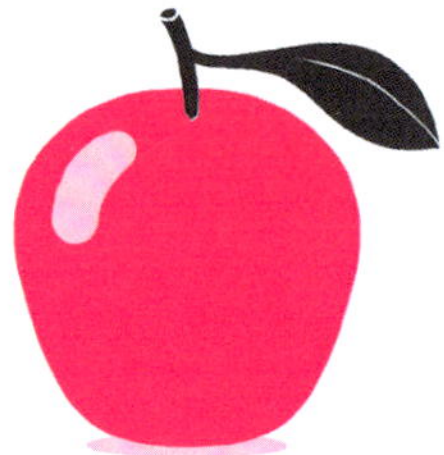

PROTEINE

Proteine sind für den Aufbau von Muskelmasse unverzichtbar und regeln den intramuskulären Sauerstofftransport. Wer viel Sport treibt, muss daher auf eine ausreichende Proteinzufuhr achten, insbesondere beim Mittagessen und beim Frühstück, damit der Körper in der Lage ist, die winzigen, durch sportliches Training verursachten Risse im Muskelgewebe zu reparieren.

DIE HEUTIGE TRAININGSEINHEIT

→ Heute ist dein großer Tag. Wähle die bequemste Sportkleidung, die du im Schrank hast. Sie sollte deine Bewegungen nicht einschränken und warm genug sein für die Jahreszeit.
→ Vor dem Loslaufen wirfst du einen letzten Blick in den Spiegel. Die Schnürsenkel sind zugebunden? Pulsuhr und Haare sitzen perfekt? Du kannst dir heute keine Mätzchen erlauben.
→ Noch einen Schluck Wasser, dann schlägst du die Tür zu und beginnst sofort mit dem Aufwärmen: zehn Minuten joggen, in denen du dich von nichts und niemandem ablenken lässt. Richte den Blick geradeaus, und konzentriere dich, damit du nicht stolperst und dich verletzt.
→ Die heutige Laufstrecke hast du im Voraus festgelegt. Nichts bleibt heute dem Zufall überlassen. Du sollst deine Kapazitäten voll ausschöpfen können.
→ Du hast dich entschieden, eine neue Strecke auszuprobieren? Weil du das neue Gelände noch nicht kennst, vergeht die Zeit wie im Flug.
→ Die Abfolge der Intervalle ergibt sich wie von selbst. Du musst keinen Gedanken daran verschwenden oder auf die Uhr sehen. Der Zauber wirkt. Ein paar Zwischensprints sorgen dafür, dass dir nicht langweilig wird.
→ Das letzte Intervall ... Beim zehnminütigen Auslaufen kannst du dich vollkommen entspannen.
→ Vergiss nicht, im Anschluss deine Dehnübungen zu machen. Und genieße den Augenblick. Du hast das Wochenziel erreicht. Yippie!!

DIE TRAININGS-EINHEIT IN ZAHLEN		
	DAUER Ins Lauftagebuch eintragen	**44 MINUTEN** (Aufwärmen, Laufen und Cool-down)
	DIE MAGISCHE FORMEL (auf einen Zettel schreiben und in die Tasche stecken)	**10'J + 4 X (5'L/1'G) + 10'J**

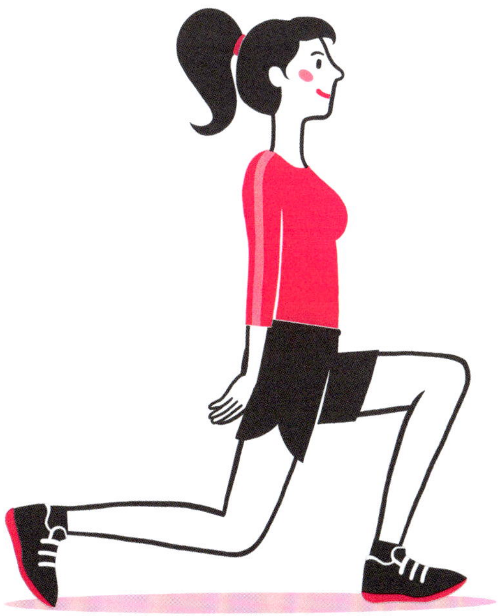

AUSFALLSCHRITT NACH HINTEN

Ausgangsposition: Stell dich aufrecht hin. Das Becken nach hinten kippen, die Bauchmuskeln anspannen, die Arme locker neben dem Körper hängen lassen.

Ausführung: Mit dem rechten Bein einen Ausfallschritt nach hinten machen und den Oberkörper gerade nach unten sinken lassen. Das Körpergewicht ruht auf dem linken Bein, der Rücken bleibt schön gerade. Die Position 20 Sekunden halten, dann das Bein wechseln.

Dauer und Wiederholungen: Viermal 20 Sekunden pro Bein. Wenn du mehr Übung hast, kannst du den Ausfallschritt vergrößern und das Bein häufiger wechseln (kürzere Haltephasen).

Ziel: Stärkung der vorderen und hinteren Oberschenkelmuskulatur und der Waden. Im Rahmen des Konditionstrainings durchführen.

4. WOCHE
ZIEL: –4. KG/60'

22. TAG

DAS REGENERATIONSMENÜ: PROTEINE, KOMPLEXE KOHLENHYDRATE, VIEL WASSER

Damit du nach dem Training nicht ausgehungert vor dem Kühlschrank stehst, solltest du eine Läufermahlzeit vorbereiten. Idealerweise besteht sie aus tierischen Proteinquellen (Pute, Hühnchen, Eier, Lachs) zur Reparatur von Muskelschäden, komplexen Kohlenhydraten (Pasta, Reis, Hülsenfrüchte) zur Wiederauffüllung der Glykogenspeicher und einem Gemüse deiner Wahl zum Ausgleich von Verlusten an Vitaminen und Mineralstoffen. Trink dazu mindestens einen halben Liter Wasser, um dem Körper wieder Flüssigkeit zuzuführen und die Milchsäure auszuschwemmen, die sich beim Laufen gebildet hat. Kaue langsam und gründlich, damit du merkst, wann du satt bist, und nicht mehr als nötig isst.

DIE HEUTIGE AUFGABE – AUSRUHEN!

➞ Du hast die angestrebten vier Kilo schon fast abgenommen. In dieser vierten Woche kannst du dich ganz aufs Laufen konzentrieren. Achte darauf, anschließend auch weiterhin gut und gesund zu essen. Ab sofort dürfen die Portionen wieder etwas größer werden.

➞ Heute wird gar nicht gelaufen. Diese Pause hast du dir nach der gestrigen Einheit redlich verdient.

➞ Damit du nicht in Versuchung kommst, dich mit einem Nutella-Brot aufs Sofa vor dem Fernseher zu lümmeln, möchten wir dir ein wenig Yoga ans Herz legen. Yogaübungen sind ideal, um Haltung und Balance zu verbessern, die Muskeln zu dehnen und den Geist zu leeren. Sie fördern die Konzentrationsfähigkeit und kräftigen Oberschenkel, Waden, Fußknöchel und Rückenmuskeln. Genau das Richtige für dich.

➞ Nach deinem ersten 60-Minuten-Lauf darfst du richtig faulenzen – versprochen. Aber wetten, dass du gar keine Lust dazu haben wirst? Die Zeiten, in denen Herumhängen dein liebster Zeitvertreib war, sind endgültig vorbei. In Zukunft wirst du gesund leben und Spaß dabei haben.

EIN PO WIE LAETITIA CASTA

Laufen macht schöne Beine und einen schönen Po. Bald wird er wieder so knackig sein wie damals, als du 18 warst, und die Reiterhosen, die sich im Laufe der Zeit gebildet haben, werden verschwunden sein. Beim Laufen trainierst du die mittleren und großen Gesäßmuskeln sowie die äußere Oberschenkelmuskulatur. Deine Pomuskeln unterstützen die Dehnung und Formung der Oberschenkelmuskeln, stabilisieren die Hüfte bei Gewichtsverlagerungen und ermöglichen dir, beim Laufen Tempo zu machen. Ja genau, das alles! Also verwöhne sie, indem du nach dem Training Dehnübungen durchführst.

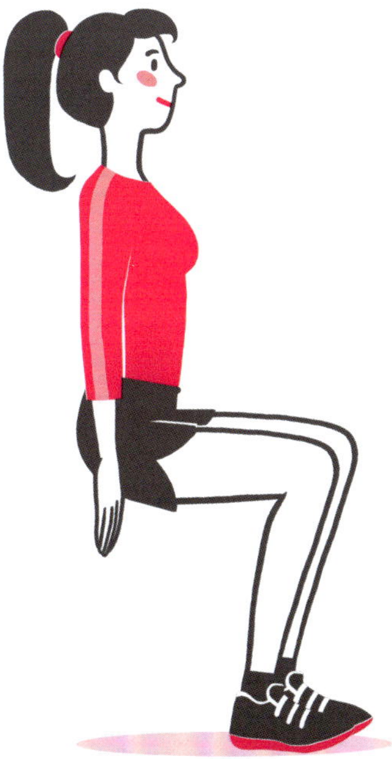

DER STUHL

Ausgangsposition: Lehne dich mit geradem Rücken an eine Wand (oder einen Baumstamm). Die Arme locker neben dem Körper hängen lassen, den Blick geradeaus richten, die Bauchmuskeln anspannen.

Ausführung: Den Rumpf durch Beugung der Knie an der Wand hinuntergleiten lassen, bis Ober- und Unterschenkel einen 90-Grad-Winkel bilden. Den Rücken (die Lendenmuskeln) fest gegen die Wand drücken, um Verletzungen zu vermeiden.

Dauer: Die Position 30 Sekunden bis eine Minute halten.

Ziel: Isometrisches Muskeltraining. Die Muskeln werden trainiert, ohne dass sie bewegt werden. Das unterstützt die Muskelkontraktion beim Laufen. Im Rahmen des Konditionstrainings durchführen.

4. WOCHE

23. TAG

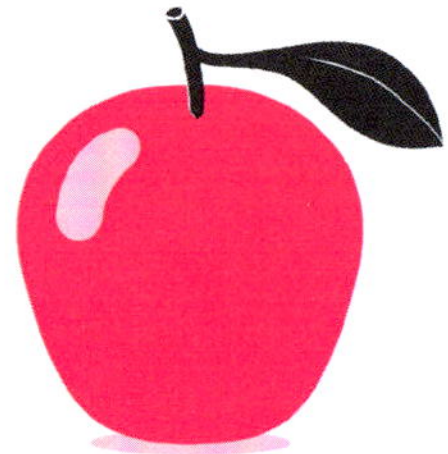

TÄGLICH FÜNF PORTIONEN OBST UND GEMÜSE

Wer seine Ernährung auf Sportlernahrung umstellt, konzentriert sich in der Regel auf die Proteinzufuhr. Doch die Zufuhr von Vitaminen, Mineralstoffen und Flüssigkeit ist genauso wichtig. Halte dich im Alltag an die Empfehlung der Deutschen Gesellschaft für Ernährung (DGE):

• Täglich fünf Portionen Obst und Gemüse. Drei Portionen Gemüse und zwei Portionen Obst. Das entspricht etwa 400 g Gemüse (z. B. 200 g gegartes Gemüse und 200 g Rohkost oder Salat) und 250 g Obst. Das Gemüse solltest du immer schonend und bissfest garen, damit die Vitamine nicht verlorengehen. Wenn du die Portionsgrößen nicht abwiegen willst, kannst du die Größe deiner Hand als Maßeinheit zugrunde legen.

• Vor dem Training: Wenn du einen empfindlichen Darm hast, solltest du am Abend vor einem wichtigen Training lieber kein Gemüse essen. Die darin enthaltenen Ballaststoffe machen zwar schön satt, aber sie regen auch die Verdauung an – mit dem Risiko, dass dir beim Laufen die Gedärme rumoren. Kohl und Rohkost sind besonders heikel.

• Unsere Empfehlung: Die folgenden Obst- und Gemüsesorten sind reich an Antioxidanzien, die beim Laufen entstehende freie Radikale „einfangen" und den Körper vor den damit verbundenen Gesundheitsrisiken schützen. Granatäpfel, Gojibeeren, Preiselbeeren, Orangen, Tomaten, Avocados, Artischocken, Kresse, Brokkoli und rote Paprika.

DIE HEUTIGE TRAININGSEINHEIT

→ Schluss mit dem Versteckspiel! Heute wird es ernst. In nur drei Wochen hast du dich in eine hervorragende Läuferin verwandelt, und diese Rolle heißt es jetzt zu akzeptieren. Doch das Ende der Fahnenstange ist noch nicht erreicht. Keine Panik, du schaffst das.

→ Das Warmlaufen ist ein Klacks für dich: 15 Minuten joggen, damit die Glieder geschmeidig werden.

→ Es folgt das übliche Intervalltraining mit Lauf- und Gehrunden. Achte beim Laufen auf eine gute Haltung und eine ökonomische Lauftechnik. Die Körperspannung halten, die Schultern locker lassen. Falls nötig, korrigiere deine Haltung.

→ Wir sind überzeugt, dass du ausreichend Energie für ein 30-minütiges Lauftraining hast und dich in den Erholungsphasen gut entspannst.

→ Genieße das zehnminütige Auslaufen in vollen Zügen. Klasse gemacht!

DIE TRAININGS-EINHEIT IN ZAHLEN

DAUER Ins Lauftagebuch eintragen	**55 MINUTEN** (Aufwärmen, Laufen und Cool-down)
DIE MAGISCHE FORMEL (auf einen Zettel schreiben und in die Tasche stecken)	**15'J + 6 X (4'L/1'G) + 10'J**

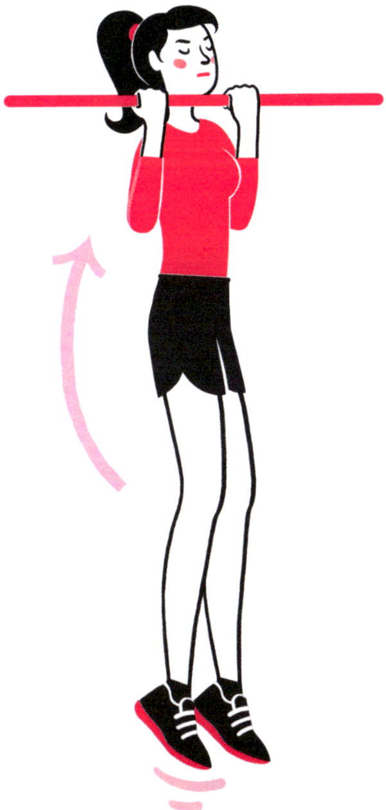

KLIMMZÜGE

Ausgangsposition: Stell dich aufrecht unter eine Klimmzugstange. Die Rumpfmuskeln anspannen.

Ausführung: Die Stange von hinten umfassen, sodass die Daumen zum Gesicht zeigen. Die Hände sind etwa schulterbreit auseinander, die Ellbogen bleiben unten. Aus dieser Haltung den Körper aus der Kraft der Arme und Rückenmuskeln mit angespannten Beinen hochziehen, bis das Kinn die Stange berührt. Kurz halten, dann den Körper kontrolliert wieder herunterlassen.

Dauer und Wiederholungen: Fünfmal ein bis drei Wiederholungen (oder mehr). Zwischen den Durchgängen anderthalb bis zwei Minuten pausieren.

Ziel: Kräftigung der Rumpfmuskulatur zur Verbesserung der Körperhaltung. Am Ende des Lauftrainings im Fitnessstudio an einer Sprossenwand oder draußen auf dem Sportplatz durchführen.

4. WOCHE

24. TAG

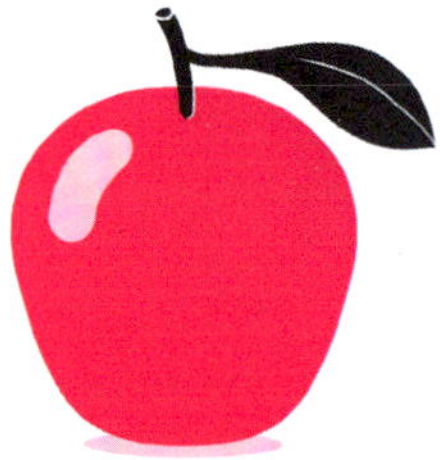

BEUGE NÄCHTLICHEN HEIẞHUNGERATTACKEN VOR!

Wie hungrig du nach dem Sport bist, hängt von deiner Figur, deinem Stoffwechsel und der Belastungsintensität ab. Doch je länger und intensiver eine Trainingseinheit sich gestaltet, umso später stellt sich der Hunger ein: Während du nach leichtem Joggen schon nach 30 Minuten hungrig wirst, dauert es nach einem intensiven Workout bis zu vier Stunden. Aus diesem Grund solltest du mit dem Essen nicht warten, bis dein Magen knurrt, sonst läufst du Gefahr, mitten in der Nacht wegen einer Heißhungerattacke den Kühlschrank zu plündern.

DIE HEUTIGE AUFGABE – AUSRUHEN!

→ Laufen oder sich daheim verkriechen? Heute machst du es dir zu Hause gemütlich. Gönnst dir eine kleine Pause, ehe du Anlauf nimmst für den Endspurt.

→ Wenn du es nicht fertigbringst, einfach auf der faulen Haut zu liegen, geh ins Schwimmbad, und genieße es, im (warmen) Wasser herumzuplantschen. Du musst nicht kraulen wie Franzi van Almsick.

→ Schwimmen ist für Muskeln und Herz weniger belastend als Laufen. Beim Brustschwimmen sind Knie, Hüften und Nacken mehr gefordert als beim Kraulen, doch insgesamt kann der Körper sich entspannen und wird durch die Bewegungen des Wassers sanft massiert.

→ Zur Belohnung darfst du anschließend noch in die Sauna. Saunieren kräftigt den Herzmuskel, was dir beim Laufen zugutekommt. Super!

WENIGER GEWICHT = WENIGER RÜCKENSCHMERZEN

- Übergewicht ist Gift für den Rücken. Insbesondere beim Laufen, wo bei jedem Schritt das Vielfache des Körpergewichts auf dem Fuß lastet und ein starker Druck auf Wirbel und Bandscheiben ausgeübt wird. Deshalb sind Übungen zur Kräftigung der Rückenmuskulatur so wichtig.
- Iss gesund und abwechslungsreich, übe fleißig den Unterarmstütz – das stärkt die Haltemuskulatur und entlastet die Bandscheiben –, und trink genug, damit die Bandscheiben ausreichend hydriert werden und ihre Funktion als Stoßdämpfer auch weiterhin erfüllen können.
- Auch wenn du in der Stadt wohnst, solltest du nicht nur auf Asphalt trainieren. Um deine Gelenke zu schonen, laufe dich auf einem weichen Untergrund warm, und setz dann das Training auf einem härteren Untergrund fort, um deinen Körper daran zu gewöhnen.

BAUCHMUSKEL- UND ADDUKTORENTRAINING

Ausgangsposition: Leg dich auf den Rücken, verschränke die Hände hinter dem Kopf, und spanne die Bauchmuskeln an.

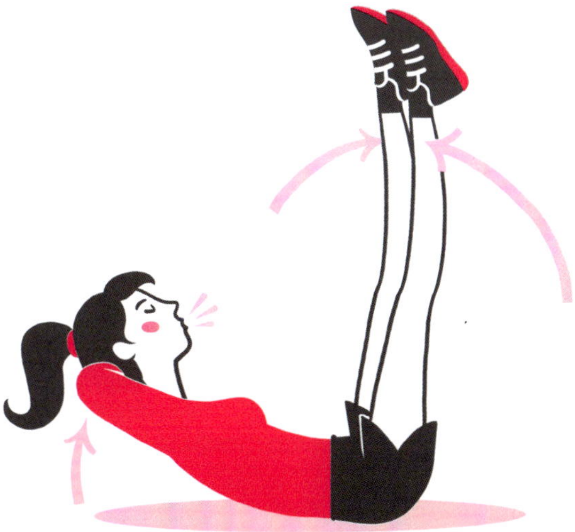

Ausführung: Die Beine heben, zur Decke strecken und spreizen. Den Oberkörper aus der Kraft der Bauchmuskeln (nicht mit der Kraft der Arme) anheben und die Beine wieder schließen. Diese Position ein bis zwei Sekunden halten, dann langsam in die Ausgangsposition zurückkehren: den Oberkörper wieder ablegen und die Beine spreizen. Beim Anheben des Oberkörpers aus-, beim Ablegen einatmen.

Dauer und Wiederholungen: Fünfmal 20 bis 30 Wiederholungen mit anderthalb Minuten Pause zwischen den Durchgängen.

Ziel: Kräftigung des gesamten Körpers und Verbesserung der Motorik. Als Bestandteil des Konditionstrainings durchführen.

4. WOCHE

25. TAG

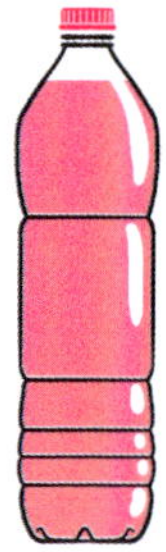

FRÜHSTÜCK FÜR FRÜHAUFSTEHERINNEN

Wenn du gerne morgens trainierst, aber nicht mit leerem Magen laufen willst, solltest du ein leicht verdauliches Frühstück zu dir nehmen, damit du unterwegs keine Magenbeschwerden bekommst, aber genug Energie für die Trainingseinheit hast. Du hast zwei Möglichkeiten.

• Zweimal frühstücken: die ideale Variante bei Verdauungsproblemen. Du startest mit einem Energieschub ins Training und füllst anschließend geleerte Energiespeicher wieder auf. Trink eine Tasse Tee oder Kaffee, ehe du losläufst, und iss dazu ein paar trockene Kekse oder einen Proteinriegel. Nach dem Training kannst du dir ein mehr oder weniger ausgiebiges Frühstück gönnen (Vollkornbrot mit etwas Butter, Streichkäse oder Schinken, ein Joghurt und ein Stück Obst oder ein Müsli).

• Einmal frühstücken: Damit die Beine sich beim Laufen nicht wie Bleigewichte anfühlen, iss vor dem Training ein ungezuckertes Müsli mit entrahmter Milch. Das bringt Energie und macht satt. Ein Stück frisches Obst im Anschluss liefert die nötigen Vitamine.

Vergiss nicht, vor und nach dem Laufen ausreichend zu trinken.

DIE HEUTIGE TRAININGSEINHEIT

→ Heute steht Fitnesstraining an der frischen Luft auf dem Programm.

→ Ergib dich nicht dem Schlendrian. Starte mit zehn Minuten Joggen, um deinen Kreislauf auf Trab zu bringen.

→ Such dir dann einen abgelegenen, mindestens 50 Meter langen Weg, und beginne mit einer Runde Anfersen, um Trittsicherheit und Lauftechnik zu trainieren. Auf dem Rückweg zum Ausgangspunkt den Bauch beim Einatmen aufblasen und beim Ausatmen einziehen. Es folgen vier Runden Knieheben, Springen auf einem Bein und Zehentippen. Zum Schluss eine Runde Sprünge. Das fetzt.

→ Es dauert gut fünf Minuten, bis dein Puls sich wieder normalisiert hat. Trink zwischendurch ein paar Schlucke Wasser.

- Anschließend suchst du dir ein nettes Plätzchen auf einer Wiese. Leg dich hin, und absolviere dreimal acht Sit-ups. Beim Heben des Brustkorbs ausatmen, beim Absenken einatmen. Wenn deine Bauchmuskeln brennen wie Feuer, hast du es richtig gemacht.
- Weiter geht die Tortur mit dreimal acht Sit-ups über Kreuz. Dabei führst du abwechselnd den linken Ellbogen zum rechten Knie und den rechten Ellbogen zum linken Knie.
- Dann darfst du dich in Rückenlage ausruhen. Den Körper richtig dehnen: Arme hinter dem Kopf und Beine vom Körper wegstrecken.
- Ehe du auf dumme Gedanken kommst, dreh dich auf den Bauch und absolviere zweimal acht halbe Liegestütze. Los geht's!
- Das Training mit einem Unterarmstütz abschließen.
- Jetzt nur noch ein paar Dehnungen, um Muskelkater vorzubeugen: Rücken, vordere Oberschenkelmuskulatur, Waden. Du weißt, was du zu tun hast.

SUPERWOMAN

Ausgangsposition: Bauchlage. Die Beine nach hinten und die Arme nach vorne strecken, ohne die Schultern hochzuziehen. Oberschenkel- und Pomuskeln anspannen.

Ausführung: Rechtes Bein und linken Arm vom Boden lösen und weit nach hinten bzw. nach vorne strecken. Die Seite fliegend wechseln, sodass zu keinem Zeitpunkt beide Beine oder Arme auf dem Boden liegen. Ziel dieser Übung ist es, den Körper in die Länge zu ziehen, indem Arme und Beine in die entgegengesetzte Richtung gestreckt werden. Es kommt nicht darauf an, sie möglichst hoch zu heben. Um die Übung korrekt auszuführen, musst du die Bauchmuskeln anspannen. Beim Ausatmen den Bauchnabel zur Wirbelsäule ziehen.

Dauer und Wiederholungen: Einmal 15 bis 20 Sekunden, dann viermal 30 Sekunden mit Erholungspausen dazwischen.

Ziel: Kräftigung der unteren Rückenmuskulatur, um Rückenschmerzen vorzubeugen. Am Ende des Konditionstrainings durchführen.

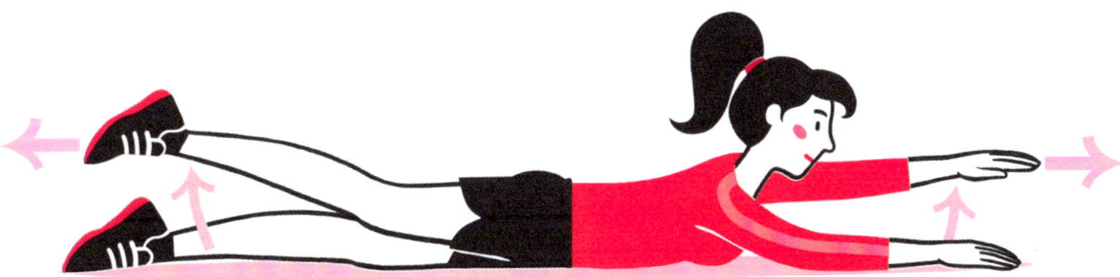

4. WOCHE

26. TAG

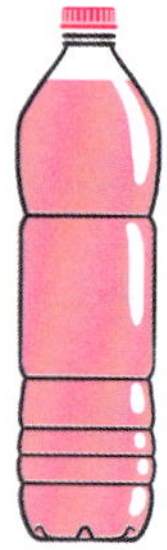

ENTGIFTUNG

Mit einem Entgiftungstag pro Woche kannst du deine Verdauung wirksam ankurbeln. Entgifte aber nur an Tagen, an denen kein Lauftraining auf dem Programm steht, denn die Kalorienzufuhr kann den Energiebedarf beim Sport nicht decken. Statt anderthalb Liter solltest du an Entgiftungstagen zwei Liter trinken, aber deinen Mahlzeiten jeweils nur einen Teelöffel Öl (statt einem Esslöffel wie an Lauftagen) zufügen.

DIE HEUTIGE AUFGABE – AUSRUHEN!

→ Immer noch Laufpause. In dieser Woche hast du zwischen Erholung und Fitnesstraining abgewechselt, um Kraftreserven zu bilden und Energie zu tanken.

→ In drei Tagen steht die große Prüfung an.

→ Du brennst darauf, dich zu beweisen, und hast gleichzeitig Angst davor. Das ist menschlich. Doch es ist absolut wichtig, dass du deine Dämonen bekämpfst. Entspann dich, und denk positiv. Du kannst dir vertrauen!

→ Kneifen kommt jetzt nicht mehr infrage. Um dich abzulenken, gönnst du dir eine Stunde Massage. Lass dich von der Atmosphäre des Ortes und der wohltuenden Wärme einlullen und vom Duft ätherischer Öle betören. Alle Anspannung fällt von dir ab. Keine Sorge – die Power kommt zurück.

MIT DEN HÜHNERN SCHLAFEN GEHEN

Achte darauf, dass du genügend Schlaf bekommst, vor allem in dieser Woche. Keine Feten, kein Club – die Nächte verbringst du auf deiner Matratze. Damit du gut schlafen kannst, iss mindestens drei Stunden vor dem Zubettgehen zu Abend. Respektiere deinen natürlichen Schlaf-Wach-Rhythmus, und gewöhne dir eine regelmäßige Schlafenszeit an. So kurz vor dem Ziel solltest du dir keine Ausreißer erlauben.

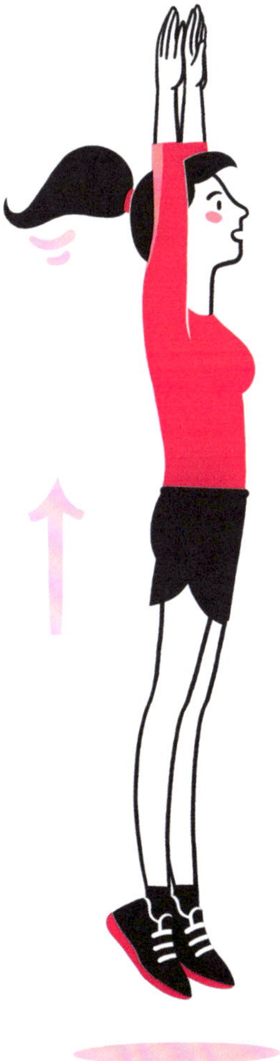

STRECKSPRUNG FÜR SCHULTERN UND PO

Ausgangsposition: Stell dich aufrecht hin, die Knie leicht gebeugt, die Hände an den Hüften.

Ausführung: Drück dich mit den Füßen kraftvoll vom Boden ab, und strecke die Arme beim Springen nach oben. Auf beiden Füßen landen und den Körper vor dem nächsten Sprung gut stabilisieren. Drück nicht aufs Tempo – eine akkurate Ausführung ist wichtiger.

Dauer und Wiederholungen: Viermal zehn Strecksprünge mit einer Minute Pause zwischen den Durchgängen.

Ziel: Verbesserung der körperlichen Stabilität, der Trittsicherheit und Flexibilität und somit auch der Lauftechnik. Direkt vor oder nach dem Lauftraining oder im Rahmen des Fitnesstrainings durchführen.

4. WOCHE

27. TAG

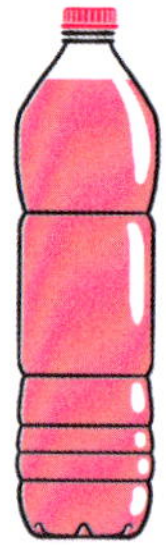

NÜCHTERN BLEIBEN

Um Körperfett abzubauen, gibt es nichts Besseres, als nüchtern zu laufen, auch wenn dir bei dem Gedanken erst einmal mulmig wird. Ohnehin solltest du vor dem Training mindestens drei Stunden lang nichts essen, damit die Verdauung abgeschlossen ist. Es ist also einen Versuch wert, vor dem Frühstück zu laufen. Die Fettreserven deines Körpers werden dann schon nach 25 bis 30, nicht erst nach 45 Minuten angezapft. Von der anschließenden Mahlzeit profitieren deine Muskeln, nicht deine Fettpölsterchen. Verluste an Mineralsalzen und Vitaminen werden kompensiert, die Glykogenspeicher aufgefüllt. Tee oder Wasser kurbelt die Ausscheidung von Toxinen an, die der Körper beim Laufen gebildet hat. Achte unbedingt darauf, etwas Gesundes zu essen und nicht einfach vor lauter Hunger den Kühlschrank zu plündern. Dann wäre der ganze Kraftakt umsonst gewesen.

DIE HEUTIGE TRAININGSEINHEIT

→ Es ist Zeit für einen Rückblick, denn das Ziel ist fast erreicht. Vor fast einem Monat hast du den Entschluss gefasst, deinen Körper wieder in Form zu bringen und sowohl mit dem Abnehmen als auch mit dem Laufen zu beginnen, und ihn auch umgesetzt. Denk an deine erste Trainingswoche zurück. Selbst beim Gehen hast du dich überfordert gefühlt. Seitenstechen, Atemnot – das alles hast du durchgemacht. Das alles hast du aber auch überwunden.

→ Das Laufen bereitet dir Freude. Technik und Geschwindigkeit stimmen. Die 25 Minuten vergehen wie im Flug. Schon beim Aufwärmen baust du ein paar Tempowechsel ein. Früher, als jede Pause gerade ausreichte, um wieder zu Atem zu kommen, wäre das undenkbar gewesen.

→ Du schreckst vor nichts und niemandem mehr zurück. Dein Herz ist so kräftig, dass du jederzeit einen Gang zulegen kannst. Du bewegst dich wie eine Gazelle, rollst die Füße kraftvoll ab, hast einen sicheren Tritt. Dass du einige Pfunde verloren hast, versüßt dir die Sache zusätzlich.

→ Dein Körper unterstützt dich zuverlässig. Durch die Kräftigungsübungen hast du eine gute Körperspannung aufgebaut. Selbst die intensivsten Trainingseinheiten steckst du weg und hast sogar Spaß daran. Auch mental bist du stärker geworden.

→ Du weißt, wie wichtig die Dehnübungen sind, und verschwendest keinen Gedanken daran, sie auszulassen. Sie machen dich noch ein bisschen glücklicher. Kaum zu glauben, dass du das alles in nur einem Monat geschafft hast!

DIE TRAININGS-EINHEIT IN ZAHLEN

DAUER Ins Lauftagebuch eintragen	**35 MINUTEN** (Aufwärmen, Laufen und Cool-down)
DIE MAGISCHE FORMEL (auf einen Zettel schreiben und in die Tasche stecken)	**10'G + 25'L**

SEITSTÜTZ

Ausgangsposition: Geh in den Seitstütz. Die Hand gut in den Boden stemmen, Füße und Beine anspannen. Um dich besser auszubalancieren, kannst du den oberen Fuß vor dem unteren auf dem Boden abstützen.

Ausführung: Den freien Arm vor dem Körper heben und senken. Erst die eine Seite, dann die andere. Dabei stets die Bauchmuskeln anspannen. Den Bauchnabel beim Einatmen zur Wirbelsäule ziehen. Beim Seitenwechsel den Rumpf nicht durchhängen lassen, sondern beide Arme aufsetzen und für ein paar Sekunden in der Bretthaltung verharren. Wenn du die Übung anspruchsvoller gestalten willst, kannst du mit einer Hantel trainieren.

Dauer und Wiederholungen: Einmal 15 bis 20 Sekunden pro Seite. Anschließend viermal 30 Sekunden pro Seite mit Pausen zwischen den Durchgängen.

Ziel: Stärkung der unteren Rückenmuskulatur, um Rückenschmerzen vorzubeugen. Am Ende des Konditionstrainings durchführen.

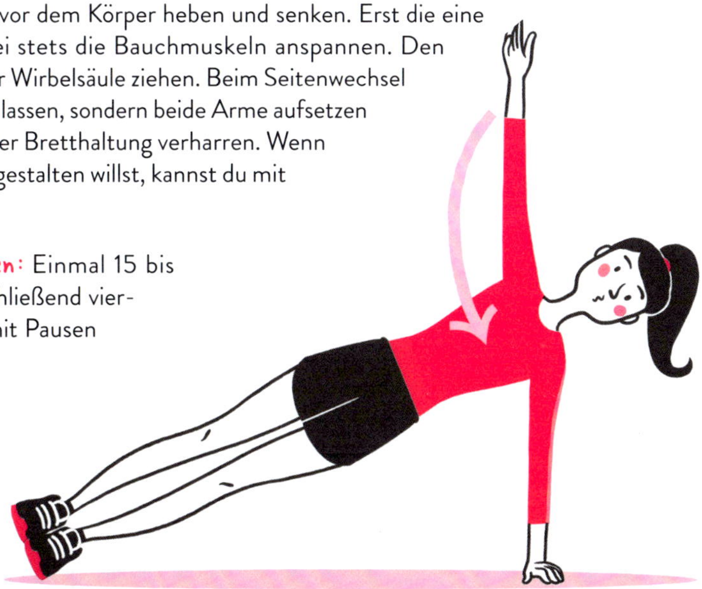

4. WOCHE

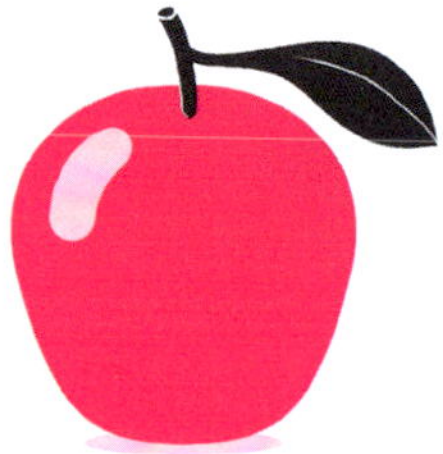

28. TAG

DIE HEUTIGE TRAININGSEINHEIT

➞ Unglaublich, aber wahr. Es ist so weit, dein großer Tag ist da. Du kriegst es mit der Angst zu tun. Doch du weißt inzwischen, wie du sie in den Griff bekommst. Einatmen, ausatmen ... Lass dich nicht ablenken. Konzentriere dich, und leg los.

➞ Verwandle den Druck in positive Energie und beginne mit dem Warmlaufen. Du hast zehn Minuten Zeit, um deinen Rhythmus zu finden. Ein Kinderspiel.

➞ Eine Traumkulisse für ein Traumziel. In der schönen Landschaft wirst du immer lockerer.

➞ Du wirfst einen kurzen Blick auf die Uhr, um deine Geschwindigkeit zu checken. Powere dich nicht vollständig aus, auch wenn du in Topform bist.

➞ Du solltest weder langsamer werden noch beschleunigen. Bleibe beim gleichen Tempo.

➞ Trink ein paar Schlucke Wasser, damit du nicht dehydrierst. Beherzige alles, was du in den letzten Wochen gelernt hast.

➞ Bergab laufen deine Beine von alleine, ganz leicht und locker.

➞ Schon sind 30 Minuten vorbei. Nicht nachlassen. Nicht übertreiben. Teile dir deine Kräfte ein. Nach 40 Minuten fühlst du dich unbesiegbar.

➞ Mit einem Stückchen Zucker und einem Schluck Wasser überbrückst du erste Anzeichen von Erschöpfung. Weiter geht's, auch wenn du langsamer wirst. Das Ziel ist in Reichweite. Um dich zu motivieren, denkst du an all die Anstrengungen, die du unternommen, die Opfer, die du gebracht hast. Die letzten Meter nimmst du im Sprint. Gib alles! Bravo!

KLEINER ANSCHUB

Um den Verlust an Flüssigkeit und Mineralstoffen auszugleichen, den das Lauftraining mit sich bringt, musst du genügend trinken. Das kannst du nutzen, um deinen Körper beim Abnehmen zu unterstützen. Gib an den Tagen, an denen du nicht läufst, ein paar Spritzer Zitronensaft in dein Trinkwasser. Er ist reich an Vitamin C, dämpft den Hunger und regt die Fettverbrennung an.

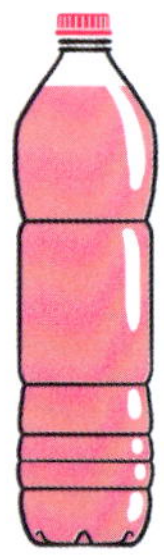

DIE TRAININGS-EINHEIT IN ZAHLEN

DAUER Ins Lauftagebuch eintragen	**60 MINUTEN** (Aufwärmen, Laufen und Cool-down)
DIE MAGISCHE FORMEL (auf einen Zettel schreiben und in die Tasche stecken)	**60'L OHNE PAUSE**

UND ZUM ABSCHLUSS EIN FESTMAHL?

Nach dieser Glanzleistung brauchst du etwas zu essen. Ein (Abend-)Essen, das die körpereigenen Reparaturmechanismen in Gang setzt, ohne die Bildung von Körperfett zu triggern.

Sich mit Essen zu belohnen ist ein Verhaltensmuster, das tief in unserer Kultur verankert ist. Das Resultat: Egal, ob du nach einem intensiven Lauftraining Hunger hast oder nicht – in Windeseile hast du einen Brownie, ein Salamibrot oder eine halbe Tafel Schokolade verputzt, nur weil du denkst, das stünde dir jetzt zu. Dabei ist es das Schlimmste, was du tun kannst. Wenn du jetzt deinen Gelüsten nachgibst, verleibst du dir die 500 kcal, die du in 60 Minuten Laufen verbrannt hast, gleich wieder ein. Damit ruinierst du zwar weder deine schlanke Linie noch deine Form, torpedierst aber die Grundprinzipien einer gesunden Regeneration. Zu dieser Überkompensation verleitet uns ein bestimmter Bereich unseres Gehirns. Du musst also schlauer sein als dein Kopf.

Damit es gar nicht erst so weit kommt, genehmigst du dir vor dem Training einen Snack (eine Handvoll ungesalzene Mandeln oder zwei Nüsse oder einen Müsliriegel) und im Anschluss daran ein gesundes (Abend-)Essen. Nährstoffe, die in der ersten Stunde nach einer körperlichen Anstrengung zugeführt werden, verwendet der Körper am besten, z. B. für die Reparatur beschädigter Muskelfasern. Hunger hin oder her – in diesem Zeitraum solltest du etwas essen. Und iss langsam. Die Mahlzeit hinunterzuschlingen, wäre absolut kontraproduktiv.

DAS RICHTIGE OUTFIT

SECHS DINGE, DIE EINE LÄUFERIN UNBEDINGT BRAUCHT

1 **Ein Funktionsshirt.** Zieh zum Laufen kein altes T-Shirt an, das seit 15 Jahren im Schrank hängt. Mit einem Baumwollhemdchen, das dir kalt und schweißnass am Körper klebt, holst du dir schnell eine Erkältung. Entscheide dich für Funktionskleidung. Sie ist luftdurchlässig, atmungsaktiv und bietet einen hohen Tragekomfort. Die Auswahl ist riesig; du hast also die Qual der Wahl.

2 **Eine lange Laufhose.** Es stimmt schon: In Shorts fühlt man sich freier. Doch bei kühlerem Wetter solltest du zum Laufen eine atmungsaktive lange Laufhose anziehen. Sie trägt sich leicht und angenehm, transportiert Schweiß zuverlässig nach außen und hält dich auch bei niedrigen Außentemperaturen warm. Allerdings liegt sie auch ziemlich eng an. Du wagst dich in einem solchen Outfit nicht auf die Straße? Nur Mut! Hast du es erst einmal geschafft, wirst du nicht mehr darauf verzichten wollen. Versprochen!

3 **Richtige Laufschuhe.** Gute Laufschuhe stützen deine Füße optimal und dämpfen die Kräfte, die beim Laufen auf Bänder und Gelenke wirken. Kauf sie im Fachgeschäft, wo du beraten wirst.

4 **Sportunterwäsche.** Atmungsaktive Funktionsunterwäsche leitet den Schweiß ab und sorgt dafür, dass der Körper trocken bleibt. Achte bei der Wahl eines Sport-BHs darauf, dass er deine Brust gut stützt, aber nicht einquetscht. Vor dem Kauf unbedingt anprobieren!

5 **Eine kleine Trinkflasche.** Zum Befestigen eignen sich Laufgürtel mit Flaschenhaltern für eine oder mehrere Flaschen. Das ist einfacher und komfortabler, als die Flasche beim Laufen in der Hand zu halten.

6 **Reflexbänder.** Die meisten Hersteller von Sportbekleidung bieten heute Trikots mit Reflexbändern oder sogar LEDs an, die in die Ärmel oder Hosennähte eingearbeitet sind. Wenn du gerne frühmorgens oder spätabends im Dunkeln läufst, ist das sehr praktisch. Du kannst dir auch Leuchtbänder ums Handgelenk oder um die Wade schnallen oder eine Fahrradlampe an einem Stirnband befestigen.

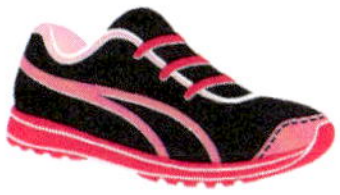

FÜNF TIPPS FÜR DEN SCHUHKAUF

1 Kauf nicht irgendwelche schicken Turnschuhe, sondern spezielle Laufschuhe. Damit tust du deinem Rücken und deinen Füßen etwas Gutes.

2 Kauf die Schuhe in einem Fachgeschäft. Dort werden deine Füße vermessen, und du erhältst eine individuelle, auf deine speziellen Bedürfnisse abgestimmte Beratung.

3 Entscheide dich für die bequemsten und nicht für die schicksten Schuhe. Sie dürfen nirgends scheuern und sollten eine optimale Passform haben.

4 Wähle die richtige Schuhgröße. Damit du dir keine Blasen läufst, dürfen Laufschuhe den Fuß im Vorderfußbereich nicht einengen. Und sie müssen groß genug sein, damit die Zehen beim Abrollen nicht vorne anstoßen. Wahrscheinlich wirst du eine Nummer größer als bei Straßenschuhen brauchen. Als Faustregel gilt: Zwischen Schuhspitze und großem Zeh sollte ein Daumenbreit Platz sein.

5 Entscheide dich für Laufschuhe, die auf deine Bewegungsmuster abgestimmt sind. Setzt du die Füße beim Laufen gleichmäßig oder eher mit der Innenkante (Pronation) oder Außenkante (Supination) auf? Ein Blick auf die Absätze deiner Straßenschuhe genügt, um diese Frage zu beantworten. Laufschuhe sollten außerdem bedarfsgerecht gedämpft sein.

DREI TIPPS ZUM REINIGEN DER SCHUHE

1

Steck die Schuhe nicht jeden Tag in die Waschmaschine. Es reicht, wenn du sie nach dem Laufen gründlich abbürstest.

2

Komplett verdreckte Schuhe in einer Schüssel mit lauwarmem Wasser einweichen und dann außen und innen mit einer Bürste abschrubben. Mit Zeitungspapier ausgestopft trocknen lassen.

3

Lass die Schuhe nicht in der prallen Sonne, neben einem Kamin oder der Heizung trocknen. Und komm nicht auf die Idee, sie zu fönen oder gar in den Wäschetrockner zu stecken.

BLEIBEN SIE MIT WEITEREN

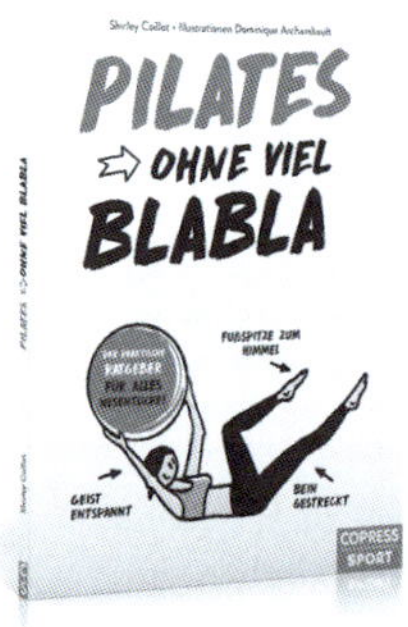

Pilates ohne viel BlaBla

Verständliche Anleitungen und Tipps für Ihr Pilatestraining zu Hause
€ 9,90
ISBN: 978-3-7679-1237-3

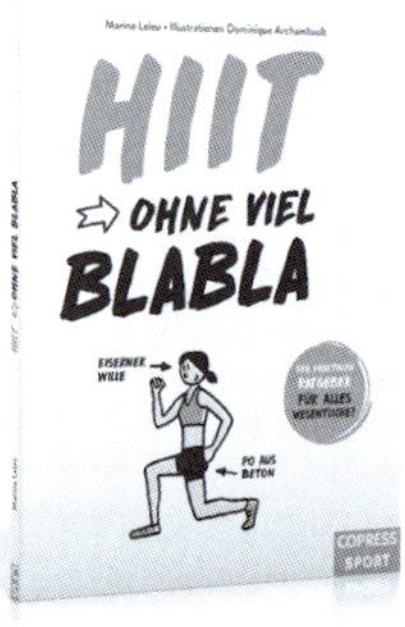

HIIT ohne viel BlaBla

Der Fitnessratgeber für jedes Leistungsniveau
€ 9,90
ISBN: 978-3-7679-1236-6

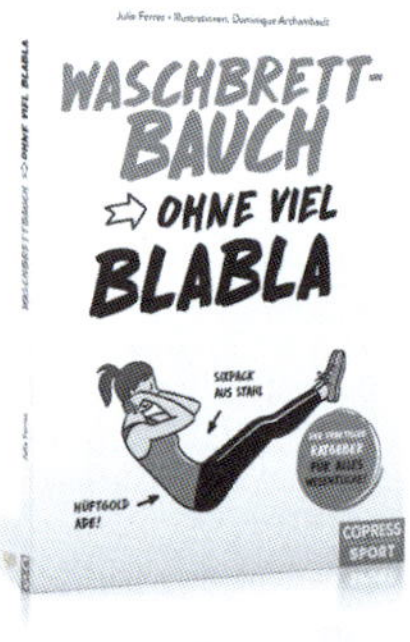

Waschbrettbauch ohne viel BlaBla

Das Trainingsprogramm für einen flachen und muskulösen Bauch
€ 9,90
ISBN: 978-3-7679-1221-2

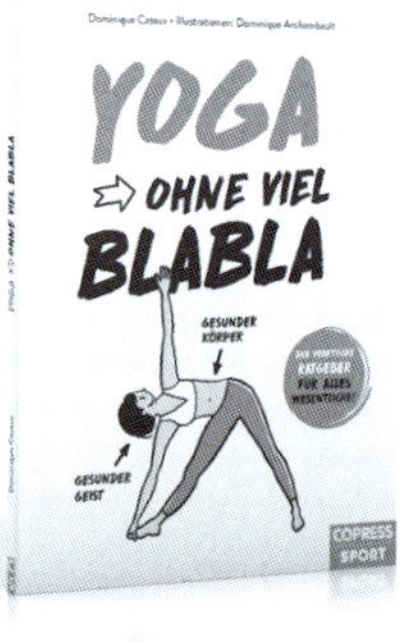

Yoga ohne viel BlaBla

Der illustrierte Ratgeber für selbstständiges Üben
€ 9,90
ISBN: 978-3-7679-1222-9

TRAININGSPROGRAMMEN FIT!

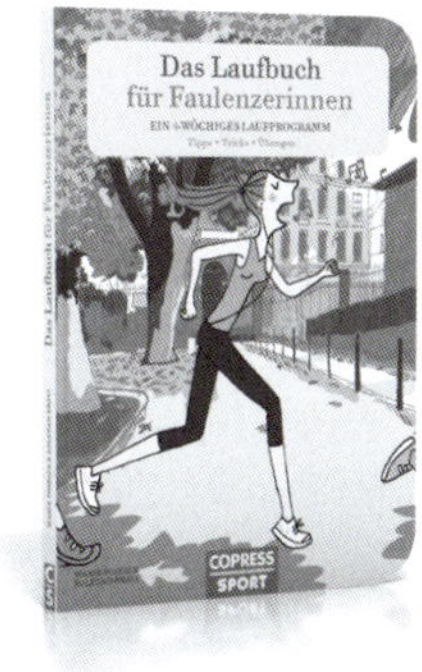

Das Laufbuch für Faulenzerinnen

Das 4-wöchige Laufprogramm mit täglichen Trainingseinheiten
€ 14,90
ISBN: 978-3-7679-1192-5

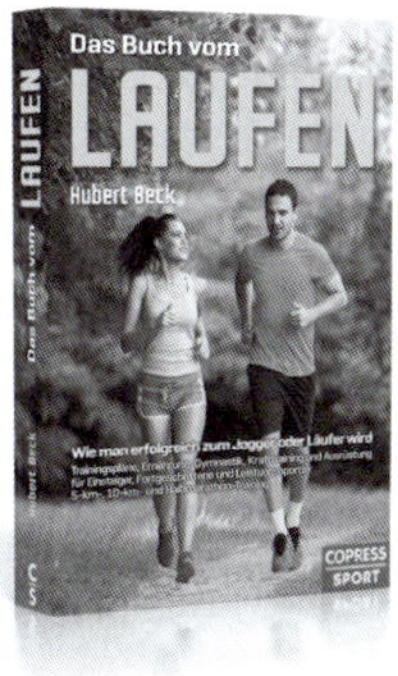

Das Buch vom Laufen

Differenzierte Trainingspläne für alle Leistungsklassen
€ 24,90
ISBN: 978-3-7679-1207-6

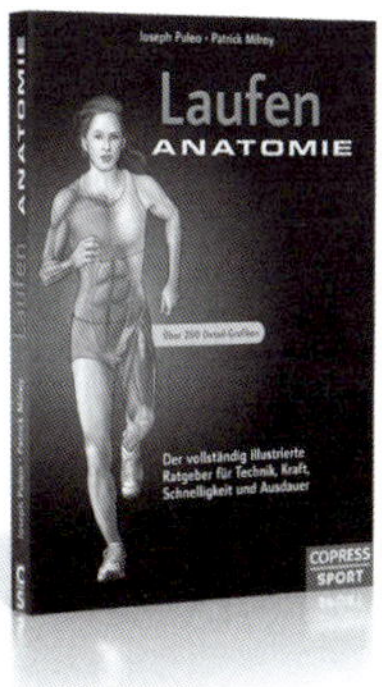

Laufen Anatomie

Die Laufleistung verbessern durch Technik, Kraft, Ausdauer und Schnelligkeit
€ 19,90
ISBN: 978-3-7679-0991-5

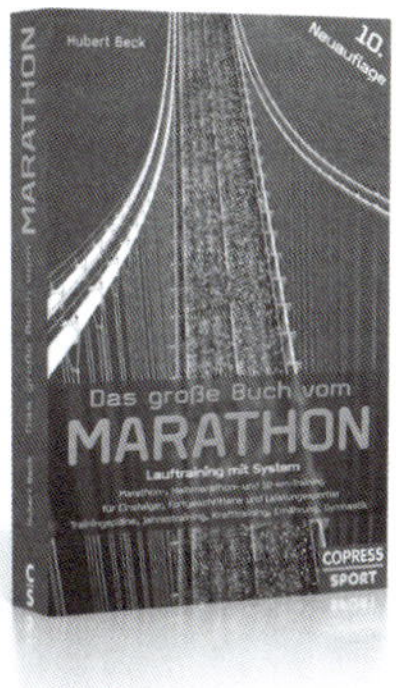

Das große Buch vom Marathon

Vielfach erprobte Lauftrainingssysteme für Einsteiger und Fortgeschrittene
€ 24,90
ISBN: 978-3-7679-1112-3

Erstmals erschienen 2018 unter dem Titel „Running Minceur Courir pour mincir le défi 30 Jours“ bei Éditions Marabout (Hachette Livre).

Übersetzung aus dem Französischen: Jutta Orth
Redaktion: Julia Niehaus, lektorat plus, Berlin
Satz: Dirk Brauns, Berlin

Wir produzieren unsere Bücher mit großer Sorgfalt und Genauigkeit. Trotzdem lässt es sich nicht ausschließen, dass uns in Ausnahmefällen Fehler passieren.
Unter www.stiebner.com/errata/978-3-7679-1248-9.htlm finden Sie eventuell Hinweise und Korrekturen zu diesem Titel. Möglicherweise sind die Korrekturen in Ihrer Ausgabe bereits ausgeführt, da wir vor jeder neuen Auflage bekannte Fehler korrigieren. Sollten Sie in diesem Buch einen Fehler finden, so bitten wir um einen Hinweis an verlag@stiebner.com. Für solche Hinweise sind wir sehr dankbar, denn sie helfen uns, unsere Bücher zu verbessern.

Bibliografische Information der Deutschen Nationalbibliothek
Die Deutsche Nationalbibliothek verzeichnet diese Publikation in der Deutschen Nationalbibliografie; detaillierte bibliografische Daten sind im Internet über http://dnb.dnb.de abrufbar.

ISBN 978-3-7679-1248-9

Printed in Hungary